チャップリンとアヴァンギャルド

大野裕之
Ono Hiroyuki

青土社　CHAPLIN and the AVANT-GARDE

チャップリンとアヴァンギャルド　目次

はじめに　11

I

第1章　チャップリンとアヴァンギャルド　21

チャップリンへの不当な扱いに抗って　22
アヴァンギャルドの芸術家たちのチャップリン熱　28
「想像力の義肢」　32
機械の身体　38
「シャルロ・キュビスト」　40
ロシア・アヴァンギャルドとチャップリン　44
チャーリー＝チャップリンは変容する　47

第2章　チャップリンと舞踊　53

「あなたの喜劇はバレエそのものです」　54
ミュージック・ホールとバレエ　57
ニジンスキーに魅せられて　62
『ライムライト』の舞台裏　66
身体の拡張　72
舞踊的身体の影響　78

第3章　チャップリンと音楽　83

「音楽が私の魂に入ってきた」　84
チャップリンの音楽愛　88
チャップリンの「レコード・デビュー」　92
音楽家としての成功　94

チャップリンの作曲法 98
身体的音楽、あるいは音楽的身体 102
引用とライトモチーフ 106
〈音〉の拡張 109
音楽と社会――〈前衛〉の音楽家 115

第4章 チャップリンと言葉 125

映画のチャーリーが発する言葉 126
現実のチャップリンが発する言葉 132
受け継がれる〈抵抗の言葉〉 139
シティ・ライツ・ブックストア 144
チャップリンとビート詩人 149
現代の吟遊詩人たちへ 159

II

第5章　チャップリンとアニメーション　167

アニメーション界のスター、チャーリー　168
チャップリン・アニメのヒット　172
初期アニメーションへの影響　176
チャップリンとディズニー　180
チャーリーとミッキーマウス　182
「自分の作品の著作権は、他人の手に渡しちゃだめだ」　184
エンターテインメントの二人の巨人　187
戦争と別れ　191
師弟が見ていた同じ夢　195

第6章 チャップリンとヌーヴェルヴァーグ 201

俗物根性《スノビズム》から遠く離れて 202
ゴダール『映画史』のチャップリン 206
ヴェルトフ／チャップリン／ゴダールの〈音＝映像〉 209
映像の毒 214
『キッド』と『アワーミュージック』 217

第7章 チャップリンと歌舞伎 227

二つの手がかり 228
日本におけるチャップリン受容 230
『街の灯』と『蝙蝠の安さん』のあいだ 234
〈紳士〉の「蝙蝠安」 240

第8章　チャップリンとSF　253

未完のSF作品『フリーク』　254
翼を持った少女の物語　264
サラファー——天使と人間　268
レイサム——ウェルズ、ナボコフ、チャップリンにおける「飛翔と落下」　274
大いなる未完の作品　279

「私たちはみんな奇蹟なのです」——あとがきにかえて　285

初出について／主要参考資料／主要参照文献　289

謝辞　293

チャップリンとアヴァンギャルド

放浪紳士チャーリー
──「放浪者」にして「紳士」である「チグハグ」さ。
矛盾の身体。

はじめに

世界の喜劇王チャーリー・チャップリンが映画界のみならず、現代史においてもっとも重要な人物の一人であることに異論を唱えるものはいないだろう。「笑いとペーソスで世界に楽しみを与えた巨人」「偉大なヒューマニスト」「ヒトラーに立ち向かった、愛と平和の使者」……しかしながら、こうやって彼にまつわるあらゆる絶賛の言葉を重ねれば重ねるほど、彼は歴史的偉人として彼方へと遠ざけられ、いわば神々の一人として祭り上げられてしまう。

彼は、喜劇人としての天才を称えられることはあっても、クリエーターとして――たとえば映画監督としての演出術や脚本家としての特色などを論じられることはほとんどない。その作品は、前近代の演劇をひきずった「古臭い映画技法」による「心温まるヒューマン・コメディ」のレッテルを貼られ、「いつまでも古びない傑作」などと持ち上げられつつ、その実、現代人のノスタルジーの対象として安直に消費されているのではないだろうか。

しかし、チャップリンが映画デビューした一九一四年と言えば、第一次世界大戦の開戦とともに世界が激動し、さまざまな芸術ジャンルにおけるアヴァンギャルドの運動が沸き上がり、旧世代に否を叩きつけた、かつてない革新の時代だった。以来、二〇世紀の主要な時期をスターであり続けたチャップリンは、映画界のみならず、アヴァンギャルド美術や舞踊に音楽、アメリカのビート世代をはじめとする現代詩人、さらには、アニメーションや戦後の映画を拓いたヌーヴェルヴァーグ、果てには日本の歌舞伎やSFに至るまで、さまざまな同時代の最先端アートに強い影響を与え、また互いに刺激しあった。チャップリンこそ、アヴァンギャルドの爆発から飛び出してきた超新星だったのだ。

本書は、喜劇王と同時代のモダン・アートとの知られざる影響関係を徹底的に検証することで、いつしか「偉人」として蔑視され、不当な扱いを受けているチャップリンを解放し、アヴァンギャルドを沸騰させた一人のアーティストとして捉え直すささやかな試みである。

前半の「I」では、モダン・アート、舞踊、音楽、言葉といった芸術の基本ジャンルとチャップリンとの交通について論じる。

第1章「チャップリンとアヴァンギャルド」では、一九一四年の映画デビュー以降、ちょび髭に山高帽の扮装で瞬く間に世界的なアイコンになった「放浪紳士チャーリー」と同時代のアヴァンギャルド美術との関係について考察する。人間的であり同時に機械的でもあるユニークな身体はマシーン・エイジ（機械の時代）に生きる前衛芸術家たちを刺激した。フェルナン・レジェ、マルセル・デュシャン、トリスタン・ツァラ、マルク・シャガールからロシア・アヴァンギャルドに至るまで、チャップリンに熱狂し放浪紳士を題材に作品を作ったアーティストたちの活動を検証し、アートの前衛地点を探る。

第2章「チャップリンと舞踊」では、大英帝国のミュージックホールで身体芸を鍛え上げ、ニジンスキーをして「あなたの喜劇はバレエだ」と言わしめた彼の舞踊的身体について考察する。アンナ・パヴロワら一流の舞踊家と交流し、早い時期にバリ舞踊をはじめ東洋の身体表現にも注目していた彼は、生来のダンサーだった。のちにはモダン・バレエの題材になり、マイケル・ジャクソンの動きにヒントを与えるなど、現代の舞踊にも影響を与えている。そのような狭義の「舞踊」や「身体能力」を見るだけではなく、放浪紳士チャーリーを帝国の文化装置が育んだ身体として捉え、さらには身体の概念そのものを拡張させる特異な存在であることを論じる。

第3章「チャップリンと音楽」は、五歳で突然声のでなくなった母にかわってステージで歌った〈音楽家チャップリン〉に焦点をあてる。一九一六年に音楽出版社を設立して自作の楽譜を出版した彼は、音楽家としての野心を持っていた。やがて、トーキーの時代が来るとみずから映画音楽を作曲し、のちにポップ音楽のスタンダードにもなった『モダン・タイムス』の「スマイル」や『ライムライト』の「テリーのテーマ」など名曲を生み出す。彼の作る音楽は、楽曲だけを取り出せば、ロマンティックでシンプルなメロディだが、それがいかに映像との関係を厳密に考え抜かれた末に生み出されたものかを詳述し、彼こそ〈音＝映像〉を総体として捉えた最初の映画音楽家であったことを論じる。また、ホロヴィッツをはじめ、時代を代表する音楽家との交友や、ジョン・レノンにつながる点と線についても紹介する。

第4章「チャップリンと言葉」では、サイレント喜劇人として名高いチャップリンにおいて軽視されがちな彼の言葉をクローズアップする。無声映画での身体言語、『独裁者』の演説、現実における言葉など、チャップリンが発した雄弁な言葉の数々。それらは第二次世界大戦後、赤狩りによってチャップリンが事実上アメリカから国外追放されたのちに、意外にも一九五〇年代のカウンター・カルチャーの最先端を走った、ジャック・ケルアックやアレン・ギンズバーグらビート詩人たちによって引き継がれた。かの放浪紳士がヒッピー文化に大きな影響を与え、戦後アメリカの対抗文化の発展に寄与した知られざる事実を詳述する。

後半の「II」では、より視野を広げて、アニメーション、ヌーヴェルヴァーグ、歌舞伎、SFといった多様なジャンルとの関係について論じる。

第5章「チャップリンとアニメーション」では、チャップリンが草創期のアニメーションに大きな影響を与えていた歴史を紹介する。映画界で初の世界的キャラクターとなった「放浪紳士チャーリー」が、一九一〇年代にアニメ化されてヒットしていたことはほとんど知られていない。「チャップリン・アニメ」は、アニメ界初のスター・キャラクターである「猫のフィリックス」の誕生にも大きく関わっていた。さらに、チャップリンとウォルト・ディズニーとの師弟関係についても触れつつ、チャップリンが映画におけるキャラクターの権利を確立させ、現代的な知的財産権ビジネスの生みの親となったことを詳述する。

第6章「チャップリンとヌーヴェルヴァーグ」では、まず「ヌーヴェルヴァーグの父」であるアンドレ・バザンや、イタリアのネオレアリズモの巨匠ロベルト・ロッセリーニ、そしてフランソワ・トリュフォーらヌーヴェルヴァーグの作家たちのチャップリン愛を紹介し、喜劇王を映画の「新しい波」を起こした存在として捉え直す。さらに、鬼才ジャン＝リュック・ゴダールが、記念碑的作品である『映画史』のなかで、チャップリンを特権的に扱っていることに触れ、チャップリンとゴダールを比較検討しながら、いかにして二人の巨匠が映像芸術を革新したかについて論じる。

第7章「チャップリンと歌舞伎」では、『街の灯』がワールドプレミア上映のわずか半年後の一九三一年八月に、『蝙蝠《こうもり》の安さん』として歌舞伎化されていたことを取り上げて、チャップリンから歌舞伎への翻案の方法論を検証し、西洋と日本の比較文化的身体論を展開する。さらに、『蝙蝠の安さん』が二〇一九年に松本幸四郎主演でリヴァイヴァルされた経緯についても触れ、時空を超えた翻案と現代の創造活動への影響を論じる。

第8章「チャップリンとSF」では、一見縁遠く見える両者の意外な関係について検討する。実は、チャップリンが最後に作ろうとしていた作品とは、翼を持った少女を主人公に据えて、特殊撮影を駆使して製作する『フリーク』というSF映画だった。SF作家の始祖の一人H・G・ウェルズと親友でもあった喜劇王は、長年にわたって本作を温めていたのだ。本章では、最新のアーカイヴ研究で明らかになった知られざるプロジェクトについて、世界初公開の資料を交えながら詳述する。また、〈飛翔と落下〉というテーマで、ウェルズ、ウラジーミル・ナボコフ、そしてチャップリンの三者を結ぶ線を見出す。本作が、未来に開かれた未完の作品であることを論じて本書を締め括る。

本書は多様なテーマを取り扱っているため、もとよりすべてを論じ尽くせるものではないが、これまで不当に軽視されてきた〈アーティストとしてのチャップリン〉の姿を、さまざまな最先端のアートがぶつかりあう交通の中で浮かび上がらせることができればと願っている。

　というわけで、前置きはこの辺にして、そろそろ本題に入っていくことにしよう。チャップリンと多様なアーティストたちの創造活動を通して見えてくる、二〇世紀カルチャーの実相、そしてアートの未来に参戦するための前衛《アヴァンギャルド》のラインへと――。

I

第1章

チャップリンとアヴァンギャルド

チャップリンへの不当な扱いに抗って

その歴史的な瞬間とは、一九一四年一月六日の雨がぱらつく午後のことだった。場所は、当時アメリカ随一の喜劇映画製作会社だったキーストン社のスタジオ。看板コメディエンヌであるメイベル・ノーマンド主演の喜劇『メイベルのおかしな災難』（一九一四年）の撮影中、監督のマック・セネットは葉巻をくわえたまま、「ここにギャグが欲しいな」と、ホテルのロビーのセットの前にいた新人俳優の方に振り向いた。「コメディのメーキャップをしてこい。どんなものでもいいから」。

突然の指令に面食らいながらも、「衣裳部屋に行くあいだに、ダブダブのズボン、大きな靴、ステッキ、そして山高帽をかぶるというアイデアが浮かんできた。わたしは、すべてをチグハグにしようと思った。ズボンはダブダブだが、コートはパンパン。帽子は小さいが、靴は大きい」。そこに、以前セネットに若すぎると驚かれたことを思い出し、彼は小さな口ひげをつけた。[1]

そうして、衣裳をつけメイクをすると、とたんにその人物になりきって、セットに立ったときには、

『キッド』――世界中でほぼ同時期に公開され大ヒットを記録した。

監督にそのキャラクターについて説明をしていた。

　この男には多くの側面があります。浮浪者で紳士、詩人で夢想家。孤独な男で、いつもロマンスと冒険を期待しています。[2]

〈放浪紳士チャーリー〉が生まれた瞬間として、しばしば引用されるチャップリン自身の回想には、かの永遠のキャラクターの秘密が集約されている。ダブダブのズボンにきつい上着、大きな靴に小さな帽子、「すべてをチグハグ」にしたコスチュームは、そのまま「浮浪者」にして同時に「紳士」であるという究極的に矛盾した人物／性格《キャラクター》になり、自身が説明するように「多くの側面」を持つ。

こうして誕生した「放浪紳士チャーリー」は、その後数年の間に世界で最もよく知られ最も愛されるキャラクターとなった（以下、本書では、映画のキャラクターを「チャーリー」と記し、チャップリンその人を「チャップリン」として、区別する）。その人気がどれだけ凄まじいものであったのかを書き記すことは難しい。映画館にあの扮装を描いた看板とともに「彼はここにいます」と書いただけで人々は殺到し、世界中でモノマネ芸人が誕生した。第一次世界大戦の野戦病院では兵士の痛みを和らげるためにチャップリンの喜劇が上映された。奇怪な現象の一つとしては、一九一六年一一月一二日の同じ時間帯に全米八〇〇のホテルで「ミスター・チャップリン」の名前が呼び出され、数百の都市で「チャップリンが到着する」という噂が流れて駅に大勢の人が詰めかけたことだ。[3] もはやヒステリーに近い何かであり、まさに世界的な現象だった。「あのボタン留めのデカ靴に世界中の目が吸い寄せられて[4]」いたのだ。

しかも、それは一過性のものではなかった。アンドレ・バザンも言う通り、「この小男は、全人類の意識の中に完全に住み着いた[5]」。のちにインドではヒンドゥー教の神の一人としてチャーリーが崇拝されるようになり、[6] 時代を経て二〇二二年には戦時下のウクライナでゼレンスキー大統領が「新たなチャップリンが必要だ」とスピーチした。[7] チャーリーは神話の存在となった。「この世界が始まって以来、一つの神話がこれほどに全世界的な賛同を受けたことは決してなかった[5]」。

チャーリー・チャップリンの偉業は数多あるが、歴史上初めて成し遂げたこととは、〈動いている姿が全世界の人々に同時期に見られた最初の人物になった〉という点だ。一九二一年の『キッド』は、公開後数年のうちに世界中で公開されて大ヒットを記録し、史上初のブロックバスタームービーとなった。それ以前は、どんな有名人であってもその動く姿を遠く離れたところにいる人が見ることはできなかった。チャップリンに比べれば、「もっとも偉大な諸王や征服者たち、神々や悪魔たちもご当地の有名人だった」[8]。チャーリーは、映像メディアの発明によって出現した現代の神話だ。

彼の達成をもう一つ挙げるとすれば、見せ物に過ぎなかった映画——とりわけ喜劇映画を芸術の地位へと引き上げたことだろう。むろん、映画界にはクロス・カッティングを駆使して物語を紡いだD・W・グリフィス監督ら芸術家と呼ぶにふさわしい先駆者は存在する。彼らとチャップリンとの違いは、チャップリンが大資本から完全に独立していたということだ。そもそも集団で作る映画において、プロデューサー・監督・脚本・編集・主演を兼ね、トーキー時代が来ると作曲まで手がけた彼は映画界では稀有な存在だった。さらに、一九一八年に自前の撮影所を建設し、翌年には配給会社ユナイテッド・アーティスツの共同創設者になり、創作だけでなく製作・配給に至るまでを我が物とした。彼は「ハリウッドの歴史において絶対的な作家としての唯一の例」[9]だった。

チャップリンの芸術性を評価する動きは、一九一六年にミニー・マダン・フィスクが「チャーリー・チャップリンの芸術」[10]を著したことから始まった。当時映画よりも高尚な芸術とみなされていた舞台の有名女優が、喜劇映画を芸術と評したことは大きな衝撃を与えた。それを皮切りに、フランスの映画作家にして映画批評家のパイオニア、ルイ・デリュックは『犬の生活』(一九一八年)を「シネマの初の完全な作品」と称え、映画という「おもちゃが芸術になった」のはチャップリンのおかげであると説いた。[11]美術史の権威エリー・フォールは、「シャルロ(フランス、イタリアなどでの「放浪紳士チャーリー」を指す愛称）は、人類で初めて、映画的なドラマを実現させた」とした上で、その創造は「ティツィアーノにより空間のすべての色の要素が、ハイドンによって時間のすべての音の要素が集中されたこと」に比する偉大な達成であると論じた。[12]

浮浪者にして紳士であるという矛盾した存在である彼には、異なった価値観を持つさまざまな階層・世代・民族・文化に属する人々それぞれが共感できる多様性が畳み込まれていた。彼は、大衆から拍手喝采され、知識人から賞賛された。商業的な成功と芸術的な達成と、一見相反することがらを同時に成し遂げたのだ。

ともあれ、チャップリンがこれまで受けてきた賞賛の言葉を書き連ねていくと、一冊では足りなくなってしまう。そして、偉大な芸術家として持ち上げれば持ち上げるほど、リアルな芸術シーンから彼を遠ざけてしまうことになる。のちに彼は『独裁者』（一九四〇年）において全体主義の猛威に一人で立ち向かい、今も戦争に抗い平和を希求するアイコンとして多くの人に勇気を与える。逆にいうと、彼は人類史上の偉人であって、そういった社会現象から離れて一人のアーティストとして論じられることは少なかったのではないか。時代を見通す予言者やいつまでも古びないメッセージを伝える使者のごとき扱いを受け、また天才喜劇人の評価は受けても、映画監督や脚本家として論じられることは今では少ない。人類史上の偉人として敬して遠ざけられ、神々の一人として祀られているのだ。

もっと言ってしまえば、特に我が国においてはある時期まで、「偉人チャップリン」に対して、例えば同じサイレント映画の喜劇人だったバスター・キートンなどの方が「過激」で「モダン」だと持ち上げておけば「映画批評」とみなされる風潮もあった。

このように、いつしか「偉人」として貶められ、不当な扱いを受けているチャップリン。だが、彼が同時代の最先端の芸術シーンにおいて――とりわけ、二〇世紀前半に勃興した〈アヴァンギャル

『黄金狂時代』のロールパンダンス。
フォークを突き刺したパンは足に変容する。

『モダン・タイムス』
機械的身体を持ち、同時に機械と折り合いの悪いチャーリー。

ド〉の芸術家たちに熱狂的に愛され、彼らのインスピレーションの源となったことは、ほとんど知られていないのではないか。

アヴァンギャルドの芸術家たちのチャップリン熱

ところで、不用意にアヴァンギャルドなる言葉を持ち出したわけだが、言うまでもなくそれは、戦場における敵に対しての最前線を意味するフランス語から転じて、第一次大戦前後に芸術の最前線を指す言葉として広く用いられた。時代や立場によって、どの芸術運動がその範疇に含まれたかには議論があるが、一般には二〇世紀前半に既成のアートに激しく反発して勃興してきた新しい創作を指す。

細かい議論は専門書に任せるとして、ここでは、いささか乱暴ではあるが、論点をクリアにするために、「アヴァンギャルドとは何か」について一言で定義することを試みたい。あえて単純化すれば、それは、〈それまでの価値観を全否定した芸術〉であると言えるのではないか。

このフレーズをもう少し分解してみよう。アヴァンギャルドが「全否定」した「それまでの価値観」とは、近代の西欧において確立した思想、すなわち、普遍的な理性を持つ個人（デカルトの「我思う。ゆえに我あり」の〈我〉）が主体となって社会を形成し更新していくという考え方だ。

しかし、近代人が理性に基づき世界を探求していくにつれて、それまで知らなかった世界の外を見ることになる。具体例をあげると、科学技術の発展とともに、西欧人はそれまで知らなかった非西欧の文明や価値観に出会い、機械文明が進むにつれて以前にはなかった都市労働者の問題に直面するようになった。あるいは、相対性理論や量子力学などの巨大な知の変革は人の認識を根本から変えてしまった。西欧的な合理主義を突き詰め、理性による探究をすればするほど、その尺度では測れない非西欧の価値観や、一見非合理にも見えるようなカオスに直面するという逆説。

そのような近代のシステムに内在する矛盾が、二〇世紀に入って加速度的に膨らみ、一九一〇年代中盤になって様々な形で爆発した。国際秩序の矛盾は一九一四年に第一次世界大戦となって爆発し、戦車などの新兵器の大量使用でそれまでの戦争とは比較にならないほどの多くの人命が奪われ、総力戦によりヨーロッパの国土は破壊された。社会・経済の歪みは一九一七年にロシア革命として噴出し、旧体制が転覆された。

〈近代〉を全否定し破壊して、爆発的に始まった〈現代〉――芸術の戦場においてそれを引き起こしたのがアヴァンギャルドだ。「ルネサンスが宗教儀礼から自立した近代芸術の始まりであったとするなら（第一次世界）大戦はその終焉を告げる出来事[13]」（括弧内筆者）だった。理性ある個人が世界を再現前し、たった一つだけのオリジナルな作品を生むことを理想とする近代の芸術のあり方に、アヴァンギャルドは全面的な否定を突きつけた。中でも決定的だったのは、一九一七年にマルセル・デュシャンが市販の小便器に「R. MUTT 1917」と書いて「泉」と題して「作品」化したことだった。「個人によるオリジナルな作品」ではなく、大量生産されているものに文字を書きつけただけのものを「作品」とすることで芸術の概念に反逆し、小便器に「泉」と名づけて従来の価値を転倒させた。さらに、翌年「ダダ宣言１９１８」において、トリスタン・ツァラは、「ダダは何も意味しない」と〈反理性〉を高々と宣言した。それは、「それまでの芸術を更新した」という類の運動ではなく、従来の秩序に根源的な否を投げつけた〈反・芸術〉だった。

加えて言うと、この頃、産業界でも大きなパラダイム・シフトがあり、一九一三年には、アメリカで大衆車T型フォードのベルトコンベアによる大量生産が本格的に始まった。第一次大戦の戦場となったことでヨーロッパは荒廃し、政治的にも経済的にも世界の中心は新大陸へと移っていく。

そして、まさにそのタイミングで、第一次大戦の始まる一九一四年にチャップリンはイギリスからアメリカへと、帝国の娯楽であるミュージック・ホールから新しいメディアである映画へと移民していく。つまり、〈放浪紳士チャーリー〉と〈アヴァンギャルド〉とは、いわば新時代の爆発とともに生まれた「同級生」なのだ。あのコスチューム——近代の紳士とそのアンチテーゼである現代の大衆とが互いに否定しながら同居している〈放浪紳士〉は、近代と現代、合理と非合理、芸術と反芸術など、「すべてチグハグ」な矛盾が折り畳まれた身体だった。

アヴァンギャルドを担ったアーティストたちの多くは、映画の発明の前後に生まれ、その草創期に育った映画世代だった。彼らは、各国で同時多発的に〈チャップリン熱〉に罹患した。

ダダの創始者として知られるトリスタン・ツァラは一九一八年にチューリッヒでチャップリンを初めて見て以来、その世界に魅了された。魅了されただけでなく、かの放浪紳士に自分たちの手本となるような過激さと破壊性を見出した彼は、一九一九年五月一五日付の「ダダ」誌（四—五号）において、「チャップリンはダダイスムの運動に参加した」と勝手に宣言したほどだった。ツァラのチャップリン愛はダダイストたちに広まり、一九二一年六月にベルリンで開催された最初のダダ国際博覧会であるダダ・メッセでは、チャップリンを題材とした作品が三つ展示された。

ダダイスム、シュルレアリスムを牽引した詩人・小説家の一人であるルイ・アラゴンが、一九一八年に初めて発表した詩は「センチメンタルなシャルロ」[14]だった。チャーリーに捧げたその詩は、のちに「神秘的なシャルロ」[15]として再構築される。彼と、ダダの精神を共有する盟友だったアンドレ・ブルトン、フィリップ・スーポーも同時期にチャップリンを発見し、彼らが創刊した「反文学」雑誌「リテラチュール」で、スーポーは『犬の生活』などの作品を詩の形式で批評する文章を発表した。[16]

彼らがいかにチャップリンを特別視していたかは、一九二一年五月に「リテラチュール」一八号に掲載された芸術家ランキング「精算の表」を見ればわかる。寄稿者たちがいろんなアーティストたちについて点数をつけたその表で、一位はブルトン、二位がスーポーで、三位にチャップリンが入っている。身内の前衛作家以外で唯一チャップリンがランクインしているのが興味深い。また、一九二七年にチャップリンが二番目の妻リタ・グレイと離婚し、ゴシップ記事の餌食にされた時には、ブルトンやアラゴン、ロベール・デスノスやマックス・エルンストら前衛芸術家たち三二人が連名で*"Hands off love"*と題された支援の宣言を発表し、映画分析を通して彼の偉大さと誠実さを証明しようとしたほどで、その崇拝ぶりがうかがえる。[17]

現代美術に決定的な影響を与えたマルセル・デュシャンは、一九一八年に初めて見て以来チャップリンに熱狂した。盟友でアメリカの写真家・美術作家マン・レイへの手紙には、『給料日』（一九二二年）は面白かった」と感想を述べた上で、もっと見ていたかったらしく、「しかし、短すぎる」と書いているほどなのでよほどのファンだったようだ。彼は映画館でチャップリンを繰り返し見ては、映像の中に隠された言葉によらないダブル・ミーニング――たとえば、『街の灯』（一九三一年）でチャーリーがボタンホールに普通は花をつける代わりにカリフラワーをつけているシーンを見て、「フラワーならぬカリフラワー」など――を見つけることに熱中した。[18]

マルク・シャガールにとってチャップリンは天使だった。『キッド』の夢の中の飛翔シーンの甘美さと『黄金狂時代』（一九二五年）の靴を食べるシーンの残酷さに魅せられた画家は、羽を持ったチャーリーの絵をいくつか描いている。

パウル・クレーも放浪紳士を描いた線画をいくつか残した。「父がチャップリンを見ていた時（その笑いは深い重力を隠しているようなものでした）、父は幸せでした」と息子のフェリックスは回想する。[19]

他に、終生にわたり親交を持ったパブロ・ピカソや、喜劇王を「太陽の詩人」と称えたジャン・コクトーなど、チャップリンに魅せられた前衛芸術家たちの例を挙げると一冊の本ができてしまう。

「想像力の義肢」

それにしても、なぜアヴァンギャルドのアーティストたちがこれほどまでにチャップリンに熱狂したのだろうか？

それは、やはり、〈それまでの価値観を全否定した芸術〉であるアヴァンギャルドが目指すところを、チャップリンが実践していたからに他ならない。

彼らは、権威に反抗し、秩序を破壊する放浪紳士チャーリーに大いに共感した。ちっぽけなチャーリーはたった一人の存在で状況をめちゃくちゃにぶち壊し、警官の尻を蹴り上げて追いかけられることになるが、なんとか逃げおおせる。

ただし、状況を破壊して走って逃げる程度なら、たとえば他のサイレント喜劇人でもやっていることだ。他のコメディアンとの決定的な差は、チャーリーが無産階級の浮浪者であるという点だった。他のコメディアンたちが社会制度の枠組みの中で生活を営み、制度を侵犯したりまた社会の枠に収まったりするのに対して、社会から排除されている浮浪者には、そもそも守るべき道徳も規範もない

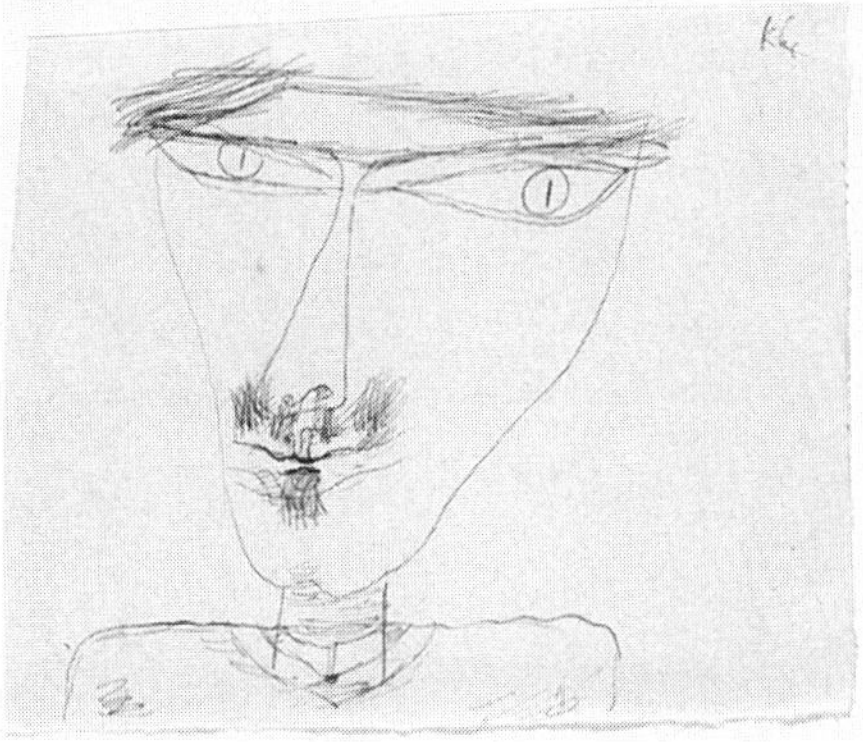

パウル・クレー「チャーリー」1927年。
パウル・クレー・センター所蔵。

マルク・シャガール
「シャルロ・チャップリンへ」1929年。
ポンピドゥ・センター。

（端的に言うと、キートンにせよハロルド・ロイドにせよ映画の中で職を持ち、ラストで結婚する設定が多いのだが、チャーリーにはそれがほとんどない）。彼は生存のためには最低限の悪事も働く。チャーリーは完全にアナーキーな反抗者であり、それはアヴァンギャルドが理想とする存在そのものだった。アヴァンギャルドの芸術家たち、特にシュルレアリストの多くはフロイトの精神分析から大きな影響を受けていたのだが、その用語を用いるならば、無産階級であるチャーリーは超自我を持たない存在であり、ただ生きるためにピュアな欲望にしたがって行動する、あくまで自由な個人だった。ロシアの映画作家セルゲイ・エイゼンシュテインの言葉を借りれば、「子供のように純真」であり、「笑顔の子供の目で、最も酷い、最も痛ましい、最も悲劇的なものを見る能力」を持ち、「他の人々を凍りつかせるものの中に喜劇的な側面を見る能力」を持つ。[20] そして、その多くが共産主義に共鳴していたアヴァンギャルドの芸術家たちは、チャーリーに社会の不条理と闘う弱者の姿を見た。

さらに付け加えるなら、チャップリンが単なる破壊者ではなく、破壊すべき〈近代の伝統〉を徹底的に自分のものにしていたことも大きいだろう。のちの章で触れるように、彼はロンドンの舞台で、大衆娯楽ミュージック・ホールの歌・ダンス・寸劇はもちろん、シェイクスピアなどに代表される演劇（正劇）、さらにはバレエなどのハイカルチャーに至るまで最良の訓練を受けていた。アヴァンギャルドが、〈それまでの価値観を全否定した芸術〉であるとすれば、彼らは何もないところで好き勝手にやったのではなく、〈それまでの価値観〉である堅牢な近代の秩序を徹底的に知り尽くした上で内側から掘り崩して外に飛び出したのだ。チャップリンはヨーロッパの喜劇の伝統を最良な形で引き継いだ上で、それをアナーキーに脱構築した。（その点でも、そのような伝統を持たないアメリカのヴォードヴィル出身の俳優とは一線を画す。)

チャップリンは旧来の秩序を完全に破壊し、その混沌の恐怖を笑いに変える。それゆえに、放浪詩人ブレーズ・サンドラールが一九一五年に書きつけた通り、究極の破壊である第一次大戦で、「シャルロは戦場で生まれた」のは必然だった。戦場の兵士たちはチャップリン映画を見て、「夜、砦の奥まで笑い声が聞こえた」[21]。「チャップリンは彼の同時代人の最も深い恐怖を取り込んだため、彼は最大の喜劇王になった」(ヴァルター・ベンヤミン)[22]。徹底的な否定の後に響く、〈笑い〉という全力の肯定。悲劇から喜劇を生み、時代を前に進める力。

しかし、なによりアヴァンギャルドの芸術家たちを虜にしたのは、チャップリンのギャグにおける想像力の使用法だ。

チャップリン研究の大家デイヴィッド・ロビンソンは、彼の特徴的なギャグの一つとして「置き換えのギャグ」[23]を挙げている。『替玉』(一九一六年)で、チャーリーが水で洗った自分の手を近くにいる男性の長い髭で拭く時、彼は他人の身体の一部をタオルに変えてしまう。『キッド』では、穴のあいたブランケットをすっぽりと被って穴から首を出してポンチョに変えてしまう。『モダン・タイムス』(一九三六年)で、機械の下敷きになり押しつぶされた懐中時計は、サルバドール・ダリの初期の代表作『記憶の固執』に描かれた溶ける時計そのものだ(ダリは、一九三三年の「回顧的女性胸像」の首飾りにチャーリーのキャラクターを描きこんでいる)。オブジェを変容させることは、シュルレアリスムの大きなテーマの一つだが、チャップリンはそれを映像でいち早く見せていたわけだ。

チャップリン映画における変容は、物と身体、生物と無生物を行き来する。『黄金狂時代』では、フォークを突き刺したロールパンが足に変容しダンスを踊ることで、物が身体に変容する。チャーリーが空腹に耐えかねて革靴を食べるとき、靴底はステーキになり、ピンはチキンの骨になり、靴紐はスパゲッティになる。足の下で地面を踏んでいる靴を美味しく食べてみせることで、われわれが持つ規範や価値を根本的に転倒させる。まさにシュルレアリスティックな名場面だ。

『質屋』（一九一七年）には、質屋の店員チャーリーが、客の持ってきた質草の時計をバラバラに分解してしまう有名なシーンがある。時計が正常に動いているかどうかを聴診器で「診察」し、ついで中身を見るために缶切りで時計をこじ開ける。バラバラにされた部品たちは、カウンター台の上で生きているかのようにぴょこぴょこ動きだし、それらを落ち着かせるためにオイルをかけると部品の動きが止まる。質草を分解するという残酷なまでにシュルレアリスティックな演技の中で、時計という機械は生きる患者になり、次に缶詰になり、果てにはこ
びとになる。短いシーンで、生物と無生物の間を行き来しつつ変容を繰り返す。

ちなみにデュシャンは、同じ『質屋』で別の客が質草として金魚を持ってくる場面を見て、「金目のもの」ならぬ「金の魚」（英語でもゴールドフィッシュ）だと、概念を転倒させる言葉遊びに喜んだ。[24]

チャーリー自身もさまざまに変容する。『黄金狂時代』でお腹を空かせたビッグ・ジムの妄想の中で彼は大きなニワトリになり、『犬の生活』ではズボンに犬を入れたことで彼は尻尾を獲得し、『担へ銃』（一九一八年）で彼は木にカモフラージュして敵陣に侵入する。ちなみに、カモフラージュもキュビスムやシュルレアリスムの重要なテーマの一つ（ピカソが、迷彩色に塗られたトラックを見て、

「あれを作ったのは僕たちだ。あれこそキュビスムだ」と叫んだ逸話もある)[25]だが、『担へ銃』の製作中の仮タイトルは「カモフラージュ」だった。

チャーリーが変容したニワトリは、マルク・シャガールに霊感を与えた。彼は一九二九年にチャップリンに捧げる作品「シャルロ・チャップリンへ」に、チャーリーがステッキと翼を持ち、トレードマークである靴を脱いだ足がニワトリになっている絵を描いた。第8章で触れることになるのだが、チャップリンが生涯で最後に企画していた作品は翼を持った少女の話であり、シャガールはチャーリーがあてどなく放浪し続けた末に翼を得て飛び立つことを看破していた。「チャップリンは、私が絵画でやろうとしていることを映画で実現しようとしています。彼はおそらく、今日私が言葉を必要としない唯一のアーティストです[26]」。

既成の社会システムや概念の枠組みの中で物理的な破壊をする他のコメディアンたちとは違って、チャップリンは想像力で既成の概念そのものを破壊したのだった。リミッターを完全に外した破壊力、いやむしろそもそも最初から規範の限界など持っていなかったアナーキーな空想力は、アヴァンギャルドのアーティストたちを大いに刺激した。もっと言えば、その定義からしても、チャップリンこそアヴァンギャルドのアーティストの一人だったわけだ。

そして彼の想像力は現実の困難に喘ぐ大衆にとっての希望となった。一九二〇年代の初頭、フランツ・カフカはチャップリンが「想像力の義肢」を作ったと説いた。

彼は感傷的なピエロでもなく、攻撃的な批評家でもありません。チャップリンは技術者です。彼は

『黄金狂時代』の撮影風景。
ニワトリにまで変容するチャーリーはシャガールを魅了した。

機械の世界の人間であり、彼と同様の多くの人々は、自分たちに本当に人生を取り戻すために必要な感情や精神的なツールを持っていません。彼らには想像力がありません。そこでチャップリンは働き始めます。歯科技工士が偽の歯を作るように、彼は想像力の義肢を作り出します。それが彼の映画です。それが一般的な映画の本質です。[27]

機械の身体

カフカはチャップリンを「機械の世界の人間」と表現したが、二〇世紀の初頭は機械が社会の中心にやってきた時代だった。イタリアの詩人フィリッポ・トンマーゾ・マリネッティは一九〇九年に発表した『未来派創立宣言』において、機械の速度の美を称えて、「レーシングカーは〈サモトラケのニケ〉よりも美しい」と言い放った。アヴァンギャルドの芸術家たちは、伝統的価値観に囚われた人間の枠を破る可能性として、機械に世界の未来を見た。

彼らにとって、チャーリーは新時代の機械的身体だった。つま先を外に開いたまましかし上半身は動かさずに歩く様は、生身の人間でありながら機械人形を思わせた。実際、『サーカス』（一九二八年）では追手の警官の目を眩ませるために機械人形に化けて精密無比な動きをする。何かを放り投げて後ろ足でポンと蹴るギャグや、指先だけで帽子を飛ばす演技など、メカニカルで精密な演技を見せる。あるいは、走ってカーブを曲がる時に片足でけんけんをしながら直角に曲がる特徴的な動作のように、幾何学的な動きも披露する。生身の人間から抽出された抽象機械。

同時に、チャーリーは機械と折り合いが悪い存在でもある。彼は機械に翻弄され、反撥し、機械と格闘する。『替玉』ではエスカレーターを逆走し上り下りに苦労し、『霊泉』（一九一七年）では回転ドアに翻弄されて彼のシンボルであるステッキが挟まれて閉じ込められる。もちろん、『モダン・タイムス』ではベルトコンベアに追い立てられ、巨大な歯車に飲み込まれ、自動食事機によってボルトを口に押し込められ顔をめちゃくちゃに叩かれる。

機械的でもあり、反機械的でもあるという矛盾――ここにも矛盾の身体たるチャーリーの特性が出ているわけだが、さらに言えばチャップリン自身の機械へのアンビバレンツな考えが無意識的に滲み出ているようにも思える。彼は、一九三一年のガンディーとの対談では「機械は使い方によっては人を労働から解放し恩恵を与える」と表明していたが[28]、その五年後には機械文明を痛烈に批判する『モダン・タイムス』を発表した。そんな、チャーリーの矛盾を孕んだ両義的身体機械は、前衛芸術家た

フェルナン・レジェ
ャルロ・キュビスト」1924年。
ンピドゥー・センター所蔵。

ワルワーラ・ステパーノワ
「チャーリー・チャップリン」
（連作「チャーリー・チャップリン」より）
1922年。プーシキン美術館所蔵。

ちのインスピレーションの源となった。

「シャルロ・キュビスト」

フェルナン・レジェは、チャーリーの機械的身体から最も早く影響を受けて創作をした一人だ。

フェルナン・レジェ「シャルロに恋したモナリザ」1933年。
ナント美術館所蔵。

レジェのチャップリン体験は、第一次大戦中の一九一六年の夏に遡る。前線に送り込まれ恐怖の年月を過ごしていたレジェは、ようやく休暇を得てパリに戻ってきた。しかしながら、すべてのものごとが戦場で起こり、人生は戦線に集約されると考えていた当時のレジェにとって、パリでの生活は意味をなさなかった。「でも、何かがそこにはあるよ、見にいこう」。詩人・評論家で「シュルレアリスム」という言葉を作ったことでも知られるギヨーム・アポリネールは、戦場にはない何かがあるとレジェを誘って、二人でチャップリンを見に行った。作品は「放浪者（"*The Tramp*"）」という原題を持つ『失恋』（一九一五年）だ。そして、レジェは戦線で経験したものごとを超える「何か」をそこで見たのだった。

私は〈放浪者〉を見た：疑いようもなく、それは何かだった。七日前に離れた戦場で見せられていた途方もなく巨大なものを凌駕していたのだ。この小さな男――それは「小さな男」でなく、生きている一種の物体、乾いていて動きがあり、白と黒からなる何かだった。それは新しいものだった。[29]

「私はチャーリー・チャップリンに興味がある。なぜなら、彼はスクリーン上で『動くイメージ』になった唯一の存在だからだ」[30]――一九二三年にレジェは、ルネ・クレールの質問にそう答えているが、二次元において白と黒／光と影だけで表現する身体機械であるチャーリーに魅せられた彼は、その後多くの作品を放浪者に捧げることになる。

一九二〇年に、レジェの友人でもある詩人のイヴァン・ゴルは"*Die Chaplinade*"をドイツで出版した。「映画ポスターから出てきたチャーリーが詩人になる」という悲喜劇的な冒険を描いたダダイスム詩集のために、レジェは四つの挿絵を制作した。彼は、チャーリーの身体に、都会的で現代的なスピード感、メカニックな形態、そしてキュビスム的な抽象性を見てとり、白と黒、直線（ステッキや体のライン）と円形（帽子の形）といった、正反対のコントラストを強調したキュビスム絵画を描き上げた。

レジェによるチャーリーの身体についての探求はその後も続いた。一九二二年一月二〇日に初演された、ロルフ・デ・マレのスウェーデン・バレエ団によるスペクタクル『スケートリンク』は、チャップリンの短編『スケート』（一九一六年）から着想を得ていた。本作で舞台装置と衣装を手がけたレジェは、極端に平面的なセットの中で二次元的な衣装をダンサーに着せた。そのような制約のなかで振付師のジャン・ボルランは、機械人形のような実験的なダンスを振り付けた。

その頃、レジェはアニメーション映画「シャルロ・キュビスト」を企画し、シナリオを執筆する。その物語は、ある朝、ベッドに寝ているチャーリーのシーンから始まる。朝起きて、部屋に散らばっている自分の体の破片を拾い集めて、再構築するチャーリー。ふとキュビスムの雑誌を手に取って、彼は興味を持つ。彼は曲がったパイプをまっすぐにしてしまい、まるまる太った掃除の女性を四角に変えてしまう。彼は街に出て、絵画教室でキュビスムのレッスンを受ける。その後、ルーヴル美術館に出かけ、モナ・リザを見るチャーリー。すると、モナ・リザはチャーリーに一目惚れし、立ち去るチャーリーを追いかける。彼女の恋は燃え上がり、火がついて額縁ごと燃えて死んでしまう。モナ・リザの葬式に参列するチャーリー。その晩、夢の中でチャーリーは「キュビスムの皇帝」になり、様々な直線や曲線、断片を描く。

この作品は完成しなかったものの、冒頭シーンのために作っていた断片映像――キュビスムのアプローチで作られたチャーリーのマリオネットが動く――が、ダドリー・マーフィーとの共同制作によるアニメーション映画『バレエ・メカニック』(一九二四年)に使われた。

レジェのチャーリーへのこだわりには、芸術的興味の他にも理由があったようだ。彼と交友を持っていた作家のブレーズ・サンドラールによると、レジェは自分の描いた大きなチャーリーの絵をもとに、木製の操り人形を作り商品化することを夢見ていたという。「とても面白いものになるよ。異なったサイズのものを大量生産できるだろう。それに、とても儲かる!」[31]。前衛芸術が大衆的人気を獲得するために、またグッズを大量生産してアートの商業化をはかるという現代的な展開のために、レジェがチャーリーのキャラクターの力を借りたいと思っていた事実は、芸術と現代社会の関係を考える上でも示唆的だ。

ロシア・アヴァンギャルドとチャップリン

レジェによって描かれたチャーリーのキュビスム的イメージは、ロシア・アヴァンギャルドに大きな影響を与えた。一九二二年、"*Die Chaplinade*"のイラストの一つが、作家のイリヤ・エレンブルグがベルリンで発行していた雑誌"*Veshch/Gegenstand/Objet*"に掲載された。同年、モスクワでエレンブルグが『それでも地球は廻っている』を出版し、レジェの一枚の絵を掲載して「チャーリーは私たちの一員です：（略）彼は未来主義者です。（略）緻密な建築家であり、彼の動きは中世のジャグラーと同じように厳密です」[32]と書いた。こうして、前衛芸術家たちのチャップリン熱は一九一七年のロシア革命によって成立したソヴィエト連邦にまで波及することになる。

革命後のソヴィエトでは、機械は、科学によって旧来の思考と体制を打倒し、新時代を拓く希望の象徴でもあった。ロシア革命とそれに続く内戦によって中断されていたアメリカ映画の輸入が、レーニンの新経済政策（NEP）の中、一九二二年に再開されると、ソヴィエト連邦で大衆のみならず知識人階級へのチャップリンの影響が顕著となった。革命以降の新たな芸術と生活の様式を志向したロシア・アヴァンギャルドは、チャーリーに、機械的な新しさと構成主義的な現代性、そして旧来の権威に反抗する精神を見た。

構成主義の指導的アーティストだったアレクサンドル・ロトチェンコは、チャップリンを「新しい人間」と呼び、映画作家で理論家でもあるレフ・クレショフは、モスクワ国立映画大学でワークショップにおいて俳優指導をする際に、「自分の体をメカニズムとして扱う」手本としてチャップリンを研究していた。彼は「尊敬するチャップリン氏へ。私たちは、人間の体を厳密な計算と科学的実験に基づいて研究しています。そして、チャーリー・チャップリンは私たちの最初の教師です」[33]と手紙を書いている。

ロシア・フォルマリズムを指導した言語学者で作家のヴィクトル・シクロフスキーは、彼を「最初の映画俳優」と評した。「チャップリンのジェスチャーや映画は、言葉や絵に基づいて構築されているわけではない。それらは黒や灰色の影の輝きの中で創造されている」。彼らは、映画について、「演劇から派生したもの」ではない、新世代のメディアとしての定義を求めており、チャップリンの演技と演出こそ映画の特異性の具現化であると論じた。[34]

その間、ペトログラードでは、映画監督でのちに政治性を強調した演出による『ハムレット』（一九六四年）で国際的な名声を獲得するグリゴーリ・コージンツェフらが「フェックス（エクスツェントリカ俳優工房）」を設立し、「奇抜性」を意味するその名の通り、実験的なショーを次々と発表していた。そのパフォーマンスは、「サーカス、アクロバット、ミュージック・ホールから、ジャズ、チャップリン映画、冒険活劇映画」等をごたまぜにしたものだった。[35]彼らは、映画について「過剰に急激で、驚くべきもので、意図的に実用的で、機械的に正確で、瞬間的で速い」新しい芸術であると定義し、「私たちはエレオノーラ・ドゥーゼ（イタリアの女優）よりも、チャーリーのお尻を好む！」と宣言した。[36]

このようにロシア・アヴァンギャルドの芸術家たちは、チャーリーに、機械的でモダンな身体と、「お尻」に代表されるような、ブルジョアの価値観を転倒させるアナーキーな欲望の噴出する身体——ミハイル・バフチンの言う「口と下半身が頭や手を奪い取る」ような「グロテスクな身体」[37]——の両極端を見出していた。

この両極端は、一九二二年に構成主義を代表するアーティストの一人ワルワーラ・ステパーノワが連作した木版画やコラージュに反映されている。デザイナー兼理論家のアレクセイ・ガンが指導する構成主義雑誌「キノ・フォト」の創刊号に、彼女はまず、チャーリーのイメージからステッキと帽子のみを取り出した上で、それらの抽象的な線を組み合わせて幾何学的に飛行機を描いた。科学的・機械的な未来の身体としてのチャーリーだ。

続いて、第二号の表紙には、自動車の部品やペンなどのブルジョワ階級を象徴するようなオブジェを切り刻み、その上にチャーリーの様々な写真のコラージュを貼り付けた。チャーリーから突き出たペンがタイヤの真ん中の空洞部分を貫通するなど、エロティックで「グロテスクな身体」が描かれている。

第三号はチャップリンに捧げられた特集号で、クレショフやロトチェンコらによるエッセイが掲載されている。その表紙にステパーノワは、靴底が巨大にデフォルメされて読者に向けられたチャーリーを描き、機械的・抽象的なデザインとグロテスクなエネルギーとを同居させた。

チャーリー＝チャップリンは変容する

このように前衛芸術家たちにこよなく愛されたチャップリンだったが、チャップリン本人およびキャラクターたるチャーリーは、みずから変容しまた世界を変容させながら放浪し続けた。そのため、スターとその熱狂的なファンとの関係で往々にしてあるように、チャーリー／チャップリンの歩みとともにますます親交を深めたピカソやコクトーのようなものもいれば、ブルトンのように『キッド』以降ヒューマニズムを描いたチャップリンに困惑し、「初期のシャルロが好きだった」[38]と告白するものもいた。

他方、アヴァンギャルドやそれを取り巻く状況も変わっていった。社会革命と芸術革命の一体化を志向したロシア・アヴァンギャルドは、その後実権を握ったスターリンが政治による芸術の支配へと舵を切ったことで迫害されるようになり、一九三〇年代初めまでにアヴァンギャルド派は完全に追放された。イタリアの未来派はムッソリーニのファシスト政権に近づいたことで自壊していった。他の前衛芸術運動の中には、勢いを失って終息したものや、現代資本主義社会に取り込まれて商業化したものもあった。「世界中に同時多発したアヴァンギャルド諸派の芸術（反芸術）運動が、どれほどの大胆さと無秩序さを装ったとしても、芸術の外部に出ようとした彼らの企ては、結局、西欧近代自体が設定した自己正当化の枠組みの内部の出来事でしかなかったように思われる」[39]。彼らが全否定して破壊しようとした旧来の制度とは、しぶとくも堅牢なものだったのだ。

そんな中、アヴァンギャルドのチャップリン熱を広めた存在とも言えるレジェは、その後チャーリーとどのように向き合ったのだろうか？

一九三三年、美術批評家のクリスチャン・ゼルヴォが主宰する雑誌“*14 rue du Dragon*”の一九三三年三月号のために、レジェは写真モンタージュ作品「シャルロに恋したモナ・リザ」を発表した。一九二〇年代初頭以来彼が何度も取り組んできたチャーリーとモナ・リザのモチーフを再構成したものだ。

一九三五年になって、レジェはチャーリーとキュビスムについての最後の冒険を提案する。未完成だった「シャルロ・キュビスト」を改訂して、より長いカラー・アニメーション映画の製作を企画したのだ。そして、「この作品のために二年間取り組んできました」という手紙を添えて、彼はチャップリンの名前を使わせて欲しいと本人にシナリオを送った。チャップリンがいかなる感想を抱いたのかは残されていないが、結局、その企画に本人からの許可がおりることはなかった。こうして、レジェの長年のプロジェクトは決定的な終焉を迎えた。

しかし、そうでなくても、レジェは彼の企画を諦めていたかもしれない。その翌年に、チャップリンは『モダン・タイムス』を公開する。興味深いことに、二〇年にわたってチャーリーの機械的身体についてこだわってきたレジェは、チャップリン本人が機械と真正面から対峙したこの映画を、封切り時にニューヨークのブロードウェイで見たにもかかわらず一切の感想を残していない。

本作において、機械的身体を持つチャーリーはより大きな機械の歯車に飲み込まれる。「機械も使い方によっては人に恩恵を与える」という信念を表明していたチャップリンだったが、映画では、機械文明に翻弄される個人を描き、監視カメラが労働者たちを見張る管理社会を予見した。レジェはそれを見て、どんな感想を持ったのだろう？　楽天的なアナーキーさを失ってヒューマニズムを希求するチャーリーに落胆したのか、それとも旧来の概念を破壊するという〈概念〉に囚われていつしか硬直化した自身の「シャルロ・キュビスト」企画にはない、しなやかな思考と真にアナーキーな身体表現に圧倒されて言葉を失ったのか？

ともあれ、矛盾したコスチュームを着た矛盾のキャラクターである放浪紳士チャーリーは、究極の機械的身体にして同時に反機械をも描く矛盾もなんのその、概念としての前衛からリアルな足取りで逃走して、次作の『独裁者』においてたった一人で歴史の前衛に乗りこみヒトラーに立ち向かうことになる。彼はあくまで真のアナーキストにして、「前衛芸術」の枠すらも打ち破った前衛芸術家だった。

1　チャールズ・チャップリン著、中里京子訳『チャップリン自伝　若き日々』（新潮文庫）、三二七—八頁。（以下、『自伝　若き日々』とする。）

2　同上。

3　ボストン心霊現象研究学会の報告。*NYC mail*, 23 Dec 1916.

4　シカゴの新聞記者ジーン・モーガンの発言、一九一五年。

5　*La Revue du cinéma*, No.19, Jan 1948. 翻訳は、アンドレ・バザン著、小海永二訳『映画とは何か1　その社会学的考察』（美術出版社、一九七〇年）、一一七頁。

6　キャスリーン・ミラード監督のドキュメンタリー映画 *"The Boot Cake"*（二〇〇八年）より。

7　二〇二二年五月一七日、カンヌ映画祭でのオンライン演説。

8　Alva Johnston, *"Mickey Mouse," Woman's home companion*, July 1934.

9　Francis Bordat, *"Chaplin et le cinéma: Paradoxes de la Reconnaissance"* in Claire Lebossé ed., *Charlie Chaplin dans l'œil des avant-gardes*(Gand: Éditions Snoeck, 2019), p.21.

10　*Harper's Weekly*, 6 May 1916.

11　Louis Delluc, *Charlot*(Paris: Editions d'Aujourd'hui, 1921), p.60.

12　Elie Faure, *De la cinéplastique*(L'Arbre d'Eden, 1922), p.307.

13　岡田暁生著「芸術の崩壊と大衆文化」山室信一・岡田暁生・小関隆・藤原辰史編著『現代の起点　第一次世界大戦　3精神の変容』（岩波書店、二〇一四年）、三頁。

14　Louis Aragon, *"Charlot sentimental," Le Film*, No. 105, 18 March 1910, p.11.

15　Louis Aragon, *"Charlot mystique," Nord-Sud*, No. 15, May 1918.

16　Philippe Soupault, *"Une vie de chien Charlie Chaplin," Littérature*, No. 4, June 1919, p. 20.

17　*La Révolution Surréaliste*, No.9-10, 1 Oct 1927.

18 「チャーリーはここでもとても称賛されていて、彼の昔の映画を何本か見直しました。そして、『担へ銃』が待ちきれません」（ルイーズ・アレンズバーグへの手紙、一九一九年、ブエノスアイレス）。「最新のチャーリー・チャップリンの映画『給料日』を見ました。面白かったのですが、あまりにも短かかったです」（マン・レイへの手紙、一九二二年）。Sébastien Rongier, *Duchamp et le cinéma*(Nouvelles Éditions Place, 2018), p.10.

19 Felix Klee, "*Souvenir de mon père*" in Andre Kuenzi ed., *Klee*, (Martigny : Foundation Pierre Gianadda, 1985), p.14.

20 Sergei Eisenstein, M and S.J. Yutkevich, eds, *American Cinematography: Charles Spencer Chaplin*(Moscow: Goskinoisdat, 1945).

21 "*La naissance de Chariot*," *Les Chroniques du jour*, 31 Dec 1926. サンドラールは「ドイツ人が戦争に負けたのは、彼らがシャルロを遅すぎる時期に知ったからだ」とまで言う。

22 ヴァルター・ベンヤミン著、「自画像のための素材」（一九三四年）。（翻訳は、浅井健二郎編訳『ベンヤミン・コレクション7』（筑摩書房、二〇一七年）所収）。

23 デイヴィッド・ロビンソン著、宮本高春・高田恵子訳『チャップリン　上』（文藝春秋、一九九三年）、二一九頁。

24 Rognier, p.10.

25 Gertrude Stein, *Picasso*(London: B.T.Batsford, 1938), p.11.

26 一九二三年、"*L'Art vivant*" 誌のインタビュー。

27 Daniel Banda et Jose Moure, "*Naissance d'un Mythe*" in Claire Lebossé ed., *Charlie Chaplin dans l'œil des avant-gardes*(Gand: Éditions Snoeck, 2019), pp.18-19.

28 Charlie Chaplin, Lisa Stein Haven ed., *A Comedian Sees the World*(Columbia: University of Missouri Press, 2014), p.121.

29 Fernand Léger, "*Sur Charlie Chaplin,*" *Les Chronicle du Jour 7-8*, 31 December 1926, pp.243-4.
30 *Le Théatre et Comoedia illustré*, March 1923.
31 Braise Cendrars, Nina Rootes trans., *The Astonished Man*(London: Peter Owen, 1970), p.183.
32 Yuri Tsivian, "*Charlie Chaplin and His Shadows: On Laws of Fortuity in Art,*" *Critical Inquiry*, vol. XL, No. 3, Spring 2014, pp.71-84.
33 一九二四年にチャップリンに宛てた手紙。
34 Viktor Chklovski, Irina Masinovsky trans., "*Chaplin*" in *Literature and Cinematography*(Dalkey Archive Press, 2008), p.65.
35 亀山郁夫著『ロシア・アヴァンギャルド』(岩波新書、一九九六年)、一〇九―一一〇頁。
36 Richard Taylor and Ian Christie, *The Film Factory: Russian and Soviet Cinema in Documents 1896-1939*(London: Routledge, 1988).
37 Mikhail Bakhtine, *L'Œuvre de François Rabelais*(Paris, Galimard, 1970).
38 André Breton, "*Comme dans un bois,*" *L'Age du cinéma*, No. 4-5, August 1951.
39 塚原史著『反逆する美学　アヴァンギャルド芸術論』(論創社、二〇〇八年)、三五―六頁。

第2章

チャップリンと舞踊

「あなたの喜劇はバレエそのものです」

一九一六年一二月、ヴァーツラフ・ニジンスキーはハリウッドのチャップリンのもとを訪れ、『勇敢』（一九一七年）の撮影風景を見学した。その来訪は喜劇王にとっても忘れ難い出来事となった。それから四八年後に出版された『チャップリン自伝』には、次のように記されている。

真面目で美形の彼は高い頬骨と悲しい目つきの持ち主で、平服を着た僧侶のような印象を与えた。そのときスタジオでは『チャップリンの霊泉』（註：チャップリンの記憶違いで、実際は『勇敢』）を撮影している最中で、ニジンスキーはカメラの背後に座って、わたしの演技をじっと見ていた。それは笑いを誘う演技だったにもかかわらず、笑顔さえ一度も見せず、ほかの見物人が笑いに興じるなか、座ったままどんどん悲しくなっているように見えた。[1]

満座の爆笑のなか一人悲しそうにしていたニジンスキーだったが、撮影の後チャップリンのところに来て握手を求め、その演技をどれだけ楽しんだかを話して、また来てもいいかと尋ねた。チャップリンはもちろん、「ぜひとも」と歓迎し、その後二日にわたってニジンスキーはスタジオを訪れたが、やはり悲しげに座って、チャップリンを見つめていただけだった。彼の憂鬱さが自分の演技に伝染してしまう気がして、チャップリンはついにはフィルムを入れないで演技をするはめになった。むろん、ニジンスキーはチャップリンの喜劇に心を打たれていたのだ。そして、彼は帰り際にこう言った。

「あなたの喜劇はバレエそのものです。あなたはまさしく舞踏家です」[2]。

伝説のダンサーによる、このチャップリン評に異を唱えるものはいないだろう。実際、多くの場面

20世紀前半を代表するバレリーナ、アンナ・パヴロワとチャップリン

撮影所に見学に来たヴァーツラフ・ニジンスキー。（チャップリンの横）

で、チャップリンはバレエを踊る。『替玉』では悪事を企むデパート店長を愚弄するかの如く踊り、『霊泉』の更衣室のカーテンを開けるとバレエのカーテンコールが始まる。後年になっても『モダン・タイムス』において、ベルト・コンベアでの際限ない労働で精神に異常をきたしたチャーリーは優雅に踊りながら工場の生産ラインをめちゃくちゃにする。

ドタバタ喜劇にお馴染みの喧嘩のシーンでも、「乱暴な仕草については慎重にリハーサルを行い、バレエの振り付けのように扱った」[3]と本人も述べている通り、悪漢が殴りかかるのをチャーリーが素早くしゃがんで避けて、リズム良く反撃する様は、まるで洗練されたダンスのようだ。

激しいアクションだけでなく、そもそも立ち姿からしてバレエ的である。トレードマークであるあのよちよち歩きは、両足のかかとをつけたまま、左右の爪先を外側に開いた状態で歩くのだが、それはバレエの足の形で言うと「1番」のポジションのまま動いていることになる。しかも、歩く際に上半身を決して左右に揺らさない。体幹をまっすぐに保ったまま歩く様はやはりバレエに通じるものだ。

バレエといえば、体を引き上げて、重力を感じさせないように踊るのが基本だが、チャップリンの動きもしばしば重力の存在を忘れさせる軽やかさを見せる。その最たるものは、『質屋』のチャーリーの登場シーンだ。質屋に出勤して来た彼は車道と舗道との間にある段差を上る時に、自分のズボンの後ろを手でひょいと引っ張り上げて体全体をふわりと浮かせる。パントマイムの想像力は、重力を無化してしまう。

重力に逆らうと言えば、彼がさまざまな作品で披露した、チャーリーが帽子を被ろうとしているのに、それがひょいと浮き上がってしまうギャグもそうだ。あれは帽子を糸で釣っているわけではなく、指の力だけで飛ばすトリック的な名人芸だ。

磨き抜かれたパントマイムは、みずから作曲した音楽と相まって、完璧としか言いようのないリズムを生み出す。一つのショットのために何十ものテイクを重ねて納得のいく演技ができたとき、チャップリンはいつもこう言った。「今のダンスはうまく行った」。

ミュージック・ホールとバレエ

……と、こんな風に「チャップリンにおけるダンス的な要素」をあげ始めるとキリがない。というのも、チャップリンは俳優である以前にダンサーであるからだ。

一八九八年一二月二六日、九歳のチャップリンは木靴の少年ダンス・グループ「エイト・ランカシャー・ラッズ」の一員として舞台に立った。その頃、極貧のあまり母ハンナは精神に障害をきたし始めていた。症状が少し落ち着いて、母がロンドンのケイン・ヒル精神病院から退院したのは、その直前の一一月一二日のこと。入退院を繰り返し、舞台の仕事からの収入が途絶えた母に代わって、いよいよ自分で稼がなくてはならない。その第一歩がダンサーとしての仕事だった。すなわち、チャップリンのプロフェッショナルなキャリアのスタートは、ダンサーとしてだったのだ。

幼いチャップリンは、マンチェスターでの一一週間の公演を皮切りに、一九〇〇年一二月八日にグループを離れるまで、約二年にわたりイギリス各地の舞台で踊り続けた。[4]

しかし、幼少期に徹底的にダンスの訓練を受けたというだけでは、チャップリンの喜劇が「バレエそのもの」である理由を十分に説明することはできないだろう。では、なぜイギリスの大衆演劇であるミュージック・ホール出身の彼が、他のサイレント喜劇役者には見られないようなバレエ的な身体を獲得するに至ったのだろうか？

それは、あまり知られていない事実だが、ミュージック・ホールこそイギリスで最上のバレエを楽しめる場所であったからだ。

ミュージック・ホールの起源は、都市の形成と深く関係している。産業革命によって、農村から都会に出てきた労働者たちは、それまで農作業の合間に歌を歌っていた代わりに、仕事終わりにパブに集って酒を飲みながら歌うようになった。一九世紀に入ると、その種の飲食店に司会者が置かれるようになり、職業歌手が現れ、店の隅に設置された簡易舞台で歌うようになった。一八四〇年代後半には、飲食よりもショーをメインにしたホールが登場し、一五〇〇人規模のホールも建てられるようになった。ミュージック・ホールは、しばしば「イギリスの大衆娯楽」と紹介されるため、場末の小劇場のようなイメージを持たれがちだが、実際のところは巨大な劇場でシャンパンをはじめ上等な食事を出し、ロビーには絵画を飾り、シャンデリアで館内を照らしたゴージャスな空間だった。

ミュージック・ホールでは酒を飲みながらショーを楽しめるのに対して、元々ある劇場（正劇）では飲酒が禁止されていた。当然ながら正劇は大きな打撃を受ける。そこで、両者の棲み分けのために、ミュージック・ホールでは三〇分以内の作品しか上演してはならず、登場人物は五人以内に限り、どんなに簡単な内容でも「舞台劇」と解釈できるものは上演できないなどと法律が定められ規制されることになった（規制内容は時期によって変化した）。そのため、ホールでは、歌に、寸劇、サーカス、奇術、ダンスといった様々なショーが短い時間で入れ替わり立ち替わり繰り広げられることになり、チャップリンはそこで修業を積むことで一瞬にして観客の心を摑む術を体得した。

ついでに言っておくと、ミュージック・ホールでは人気歌手の歌に合わせてサビの部分では観客も一緒になって合唱した。客が一緒に歌うために歌詞カードや楽譜が販売されており、それらの売れ行きがヒットのバロメーターだった。つまり、印刷技術によって「ヒット曲」が誕生したわけで、ミュージック・ホールは映画やレコードの発明以前の複製芸術のプロトタイプとして見ることもできる。

さて、このように都市の発展とともに、自然発生的に生まれてきたミュージック・ホールだったが、一八七八年に劇的な変化を被ることになる。この年の法律改正で、舞台と客席とを分ける鉄製の防火幕（セイフティ・カーテン）の設置が義務付けられ、そのような投資のできない昔ながらの飲食店型の小規模ホールは淘汰されることになったのだ。

結果、ミュージック・ホールは大規模化し、興行主たちが競って建設した巨大なホールの数々は、一九世紀末の大英帝国の繁栄を象徴する風景となった。帝国の大衆娯楽の王様となったホールの人気ぶりはもはや無視できないものとなり、正劇の俳優たちもホールに出演するようになったので、一流の芝居からヴォードヴィルに至るまで、ますますヴァラエティに富んだ構成になっていった。

ところで、一九世紀のロンドンはパリやミラノと並ぶバレエの中心地の一つだった。[5] 一八四〇年代におけるその拠点は、「ヒズ・マジェスティーズ・シアター」だった。現在はアンドリュー・ロイド・ウェバー作曲の大ヒット・ミュージカル『オペラ座の怪人』を上演中の大劇場である。
ヒズ・マジェスティーズには、当時を代表する振付師と踊り手が集い、日夜バレエ公演が行われていたのだが、一八五八年に支配人兼興行主のベンジャミン・ラムリーが退任すると、そこでのバレエ公演は途絶え、かの国民作家チャールズ・ディケンズも「バレエは我が国では死んで墓場に行ってしまった」[6]と嘆くほど、ロンドンのバレエ黄金期は終わったかのように見えた。

そんな状況に抗して、意外な人物が英国のバレエ復興の立役者となった。劇場街レスター・スクエアに面して立っていた巨大なミュージック・ホール「アルハンブラ」の支配人フレデリック・ストレインジである。彼は、豪華な建物に見合うスペクタクルとしてバレエに目をつけた。ホールは飲酒ができる場所なので、「品の悪い場所だ」という悪評が立たないようにするために、「品のいい出し物」が必要だったという理由も大きい。

ストレインジはベルギーやイタリアから一流の振付師やプリマ・バレリーナを招聘し、一八六五年以降一五年間で一〇〇以上のバレエをアルハンブラで制作した。コール・ド・バレエ（群舞のダンサー）はヒズ・マジェスティーズがかつて設置していたバレエ学校出身のダンサーたちが踊り、一九世紀半ばからの英国バレエの流れはこうしてミュージック・ホールに受け継がれた。

アルハンブラのバレエは評判を呼び、一八八四年には同じレスター・スクエアにあるミュージック・ホール「エンパイア」もバレエ興行を始めた。ライヴァル関係になった二つの劇場だったが、レスター・スクエアでのバレエ興行の闘いは、一八九七年一一月にデンマーク人のバレリーナ、アデリーン・ジュネと契約したエンパイアに軍配が上がった。ジュネはその後一〇年間で一八のバレエ作品に出演し、エンパイアを英国バレエをリードする劇場へと育てあげた。モデルとしたのはイタリア風の大バレエで、二〇〇名以上のコール・ド・バレエを擁して夜毎に派手な群舞で大衆を楽しませた。コール・ド・バレエは、薄給とはいえ舞台を目指す女性にとっては憧れの的であり、ロンドンのあちこちにバレエ学校ができた。この流れは、のちのロイヤル・アカデミー・オヴ・ダンスの設立へと続いていき、ジュネがその初代総裁を務めることになる。すなわち、こんにちに至るまで隆盛を極めることになるイギリスのバレエ界の基礎は、ミュージック・ホールの見せ物の一つとして重宝された大群舞にルーツを持つのだ。

チャップリンがダンス・グループでデビューした一八九八年は、ジュネがエンパイアに招かれた一年後であり、彼のミュージック・ホールでの修業時代は、エンパイアとアルハンブラが競い合って、ホールでのバレエ熱が絶頂へと向かっていく時期とちょうど重なっている。これまで述べてきたように、ヴォードヴィルの役者の身近にバレエがあるのはロンドンだけである。そんなわけで、ダンサーとしてデビューし、イギリスの伝統的なパントマイムを習得し、かつバレエにも親しみながら修業時代を送ったチャップリンは、アメリカのヴォードヴィル出身俳優にはない舞踊感性を持つ喜劇俳優となった。

チャップリンは、後年に至ってもさまざまな身体表現を貪欲に吸収する。第7章で述べる通り、歌舞伎の見巧者でもあったし、山口淑子によると、デザイナーのチャーリー・イームズ邸でのパーティーの後に余興で踊った喜劇王の見様見真似の日本舞踊は「私（山口）なんかよりもずっとお上手」だったとのこと。[7] 一九三〇年代にはバリ島を舞台にした映画を構想したほどバリ文化に入れ込み、現地の舞踊を即興で踊ったフィルムも残っている。

このように、大英帝国の文化装置たるミュージック・ホールによって伝統的なパントマイムからバレエに至るまでの身体表現が叩き込まれ、そこに東洋の舞踊も含めたさまざまな表現との出会いが合わさって、チャップリンという特権的な舞踊身体が誕生した。

ニジンスキーに魅せられて

話をニジンスキーとの出会いに戻そう。

ニジンスキーが撮影所を訪れた後、今度はチャップリンがニジンスキーのロス・アンジェルス公演を見に行くことにした。『自伝』には「週末のマチネー公演に招待された」と書かれているのだが、当時のプログラムによると確かにニジンスキーは一日だけ、一九一六年一二月三〇日の土曜日にマチネー公演を行っている。チャップリンがクルーンズ・オーディトリアム劇場を訪れたのはその日ことだろう。

最初の出し物である『シェエラザード』は、演技の部分が多いように感じて、チャップリンは感心しなかった。しかし、次の幕でニジンスキーがパ・ド・ドゥを踊るために舞台に登場した瞬間、チャップリンは「電流に打たれたようにゾクっとした」。

わたしが天才だと思った人物は世界にも数えるほどしかいないが、彼はまさしくそのひとりである。

Charlie and the Wood Nymphs, Charlie Chaplin Studios, Hollywood.
©

『サニーサイド』で優雅に踊るチャーリー。

ニジンスキーは観る者を夢中にさせ、その姿は神々しく、彼の憂いはこの世のものではない雰囲気を醸し出していた。あらゆる動きが詩的で、あらゆる跳躍が不思議な空想の世界へと誘う飛翔だった。[8]

幕間に喜劇王はニジンスキーの楽屋に招待される。たった今見たばかりのパ・ド・ドゥへの感動を述べようとしても言葉にならず、次の出し物である『牧神の午後』のために頬に緑色の円を描く奇妙なメイクアップをする彼を眺めることしかできなかった。ニジンスキーの方も不器用に映画の話題に振ろうとして映画作りについて取るに足らない質問をするのだが、会話は弾まない。そのうち、次の幕の開演の合図がなったので、席に戻ろうとすると、「いやいや、まだいいですよ」「まだ時間はたっぷりとありますから」とチャップリンを引き留め、「待たせておけばいいんです。こっちの方が面白い」とまた陳腐な質問を繰り返すのだった。

……以上は、チャップリンの回想で、楽屋での会話のために、『牧神の午後』の開演を遅らせる気まぐれなニジンスキーにすっかり面食らっている様子だが、彼の「気まぐれ」の本当の理由をチャップリンはわかっていなかった。

真相はこうである。実は、その日はもともと『牧神の午後』の上演はなかった。だが、ニジンスキーは突如訪れたチャップリンのために、自分の代表作を見せたいと思い、急遽『牧神の午後』を上演することにしたのだ。舞台裏は急な変更にてんやわんやで休憩時間を延ばして準備に追われていたのだろう。ニジンスキーは、その時間を稼ぐためになんとか会話をつなぎチャップリンを引き留めていたというわけだ。

そこまでして喜劇王に見せたかった『牧神の午後』は、むろん、チャップリンを虜にした。

『牧神の午後』のバレエで、ニジンスキーに匹敵する者は未だ現れていない。彼が創り上げた神秘的な世界、そしてその世界の中の動きにつれて露になる、美しい田園の陰に潜む未知の悲劇……。彼は情熱的な悲しみの神だった。そして、それらすべてを努力のあとも見せずに、ほんのわずかのシンプルな仕草で表してみせたのである。」

このアメリカ公演から帰国後、ニジンスキーは統合失調症と診断され、程なくしてキャリアに終止

『ライムライト』の道化師とバレリーナの物語は、
ミュージック・ホールでしかありえない設定だ。

符を打った。そのことを聞いたチャップリンは強い衝撃を受ける。狂気とのぎりぎりの境目に屹立していたニジンスキーの圧倒的な美と悲劇は、永遠に喜劇王の心に刻まれることになった。

この出来事から三年後の一九一九年に、チャップリンは『サニーサイド』の夢のシーンで、四人の妖精たちと踊る。一般に、『牧神の午後』へのオマージュとも言われているシーンだ。

しかしながら、チャップリンがいかに快活で躍動感に満ちたダンスを披露したとしても、極端なスランプ期に作られた『サニーサイド』を強引にまとめ上げるようなそのダンスシーンに、彼がニジンスキーに感じたという「神々しさ」を見出すことはできない。それはオマージュというよりは、パロディの類に過ぎない。

やはり、伝説のダンサーとの邂逅はあまりに衝撃が大きすぎて、題材として真正面から取り組むのは憚られたのだろうか。

実は、ニジンスキーとの出会いがきっかけとなって作り上げられた映画は他に存在する。チャップリンは長い時間をかけて、天才ダンサーに感じた美と狂気を作品へと昇華させて行ったのである。

『ライムライト』の舞台裏

『ライムライト』は、一九五二年に発表されたチャップリンのアメリカでの最後の作品だ。一九三六年の『モダン・タイムス』以降、『独裁者』、『殺人狂時代』（一九四七年）と、社会と深く関わる作品を発表してきたが、『ライムライト』において、愛の物語に回帰した。

あまりに有名な作品だが、ここであらすじを確認しておこう。

一九一四年のロンドン。かつてはミュージック・ホールのスターで今は酒のために身を持ち崩した老いた道化師カルヴェロが、自殺を図ったバレリーナ、テリーを助ける。テリーは、自分のバレエ学校代を稼ぐために姉が体を売っているところを見てしまったショックで、足が動かなくなっていた。カルヴェロはテリーを励まし、彼女は再び舞台に立てるようになる。彼女がスターへと駆け上がるのと入れ替わるように、彼のキャリアは終わりを迎えようとしていた。テリーはカルヴェロに感謝し結婚を申し込むが、彼女が若い作曲家ネヴィルに思いを募らせていることに気づいたカルヴェロは姿を消す。テリーはカルヴェロを探し出して、カルヴェロのための記念公演に出演するよう説得する。失敗を怖がった彼は医者に止められていた酒を飲んで熱演するが、病は彼を蝕んでおり、出し物の最後で心臓発作を起こす。満場の喝采を聞きながら舞台袖に運ばれた彼は、テリーが舞台で踊っている間に息を引き取る。

本作については、老齢に差し掛かったチャップリンが、故郷ロンドンのミュージック・ホールを舞台に、赤狩りの狂気の中、政治的なものから距離をおいて内省的に自己を見つめ直した自伝的な作品であると評されてきた。

しかし、チャップリン・アーカイヴに残された資料を丹念に調べたデイヴィッド・ロビンソンによる近年の研究によって、『ライムライト』の萌芽が一九一〇年代半ばまで遡ることがわかった。[10]

一九三六年二月に『モダン・タイムス』を公開した後、チャップリンは当時のパートナーだったポーレット・ゴダードとともに、日本を含めたアジア諸国への旅に出た。同年六月三日にハリウッドに戻るまでの間、船上で「密航者」というタイトルのシナリオを書いた。ロシアの伯爵夫人が上海に亡命して、男性のダンスの相手をして働く物語で、ポーレットを主演に想定していた。

その時は、「密航者」は形にならなかったものの（のちに一九六七年に、チャップリン最後の監督作『伯爵夫人』として映画化される）、彼はポーレットをスターにしようと題材を探し続け、一九二〇年代に真剣に映画化を模索していたナポレオンの物語のアイディアに戻ったり、D・L・マレーの小説『リージェンシー』を元にシナリオを執筆したりしていた。

そんな折、撮影所日誌によると一九三七年五月二五日のこと、チャップリンはそれまでの企画を全て棚上げして新しいモチーフ——ダンサーの物語に取り組むようになる。例によって何度もアイディアを書いては書き直しているので、おびただしい草稿がアーカイヴに残されているが、主人公となる男性ダンサーのモデルは明らかである。というのも、その名前は、時期によって「ネオ」、「タマーレイン」、「タマーリン」、「カナ」とさまざまに変化するのだが、時には「ナジンスキー」、「ナギンスキー」、そして「ニジンスキー」とも呼ばれているからだ。すなわち、出会いから約二〇年の時を経て、天才ダンサーからの衝撃の種がチャップリンの創造として芽生えたのである。

ダンサーの物語のごく初期の草稿では、主人公の男性ダンサーが若い女性ダンサーの才能を見込んで育て上げるところからストーリーが始まる。二人は恋仲になるが、上昇志向の強い彼女は彼から離れる。その時初めて彼は、自分のことをずっと愛してくれていた別の女性ダンサーを本当は愛していたことに気づく。

草稿の中で最も枚数が多いのは、主人公の天才男性ダンサーの名が「タマーレイン」の物語だ。タマーレインには上流階級の妻がいるが、彼は芸術に没頭するあまり妻に精神的な愛しか求めない。不満を感じる妻が大っぴらに不倫をすることに、彼は苦悩するもますます芸術にのめり込み、より孤独になっていく。

耐えきれなくなったタマーレインが自殺場所を探すためにニューヨークの街に出ると、野宿をしている若い娘ポーレット（ヴァージョンによってはピーターとも呼ばれている。ピーターもポーレットの愛称なので、明らかに彼女の役だ）と出会う。互いに極貧の生まれゆえ、通じるものを感じた二人は、一緒に住み始める。やがて、ポーレットはダンサーとして成功するが、若いダンサー、カーロフのことが気になり始めていた。彼女は自分を引き上げてくれたタマーレインのために、その気持ちを抑えようとしている。タマーレインは彼女の本当の気持ちに気づき、精彩を失いダンスも衰え始めていた。意地悪な興行主はカーロフをスターにしようとし、タマーレインを追い詰めるために彼に激しすぎるダンスを踊らせる。タマーレインはそれを踊り切った後倒れ込み、舞台袖へと連れていかれる……。

上流階級の娘と結婚する設定は、ニジンスキーその人がヒントになっていると思われる。この草稿が書かれる数年前の一九三四年にニジンスキーの妻ロモラによる手記が出版されたところだったので、チャップリンはそれを参考にしたに違いない。孤独な天才の肖像は、ニジンスキーにもチャップリン本人にも通じるものだ。母ハンナが精神に異常をきたしたのを間近で見てきたチャップリンにとって、芸術に没頭し狂気に陥ったニジンスキーのことは他人事ではなかった。似かよった境遇の二人が孤独を癒やし合う設定は、実際のチャップリンとポーレットの関係が投影されている（二人とも幼少期の家庭環境に恵まれなかった）。そして、どの草稿でも、主人公が精神的な愛だけを求め、愛する女性のために自らが身を引く点は一貫しており、その部分は後年の『ライムライト』に引き継がれていく。

チャップリンは一九三七年の初夏から四ヶ月余りの間、ダンサーの物語を追求したが、まとまることはなかった。撮影所日誌では、同年一〇月九日からチャップリンが「プロダクション#6」（ユナイテッド・アーティスツ配給の6番目の映画との意味で、のちの『独裁者』を指す）の作業に入ったと記されており、この時点から彼は『独裁者』のストーリーを考え始め、ダンサーものは棚上げとなった。

チャップリンが再びこのアイディアに戻ったのは、中断からちょうど一〇年経った一九四七年八月一四日のことである。『殺人狂時代』の公開後、新たな作品を構想するにあたり、ダンサーの物語に舞い戻ったのだった。

この時の原稿では、主人公はナギンスキーと呼ばれている。天才ダンサー、ナギンスキーは上流階級の女と結婚するが、女の目当ては彼の名声だけだった。彼は全盛期を過ぎており、興行主は若いダンサーを使うようになっていた。一方で、ナギンスキーは彼のことを昔から馬鹿にしていた老いたダンサーにも寛容で、老ダンサーがバレエ団に残るために力を尽くす。物語のラストで、孤独を深めたナギンスキーは、ある公演で美しいソロダンスを踊った後、窓から飛び降りて死ぬ。

当時、アメリカでは反共主義の嵐が吹き荒れていた。国中が戦勝に沸くなか、長年アメリカに住みながらイギリス国籍を変えず、平和を唱えるチャップリンは、右派勢力から「非愛国者」や「共産主義者」と非難され、『殺人狂時代』の公開は徹底的に妨害された。チャップリンはバッシングに対して一歩も引かず、「非米活動委員会」がチャップリンの召喚を予定しているという報道に対して、一九四七年七月二一日付で「私は共産主義者ではありません。平和の煽動者です」と声明を出し、そのことで余計に右派勢力は激昂した。

ダンサーの物語の執筆再開はその一ヶ月後のことだ。バッシングにもかかわらずあくまで信念を貫く姿勢は、妻や興行主に捨てられても寛容さを保ち、芸術に殉じて死を選ぶナギンスキーに色濃く投影されている。

しかしながら、このプロットには問題があった。いかにチャップリンといえども、六〇歳を前にして天才ダンサーを演じることは、当然ながら難しくなっていたのだ。

チャップリンはそのことを解決するために、別の物語を考える。新しいプロットでは、主人公「シャルロ」（チャップリンのフランスでの愛称なので、明らかに自分が演じる役だ）はかつて有名なバレエ・ダンサーで、歳をとった今はサーカス団の道化師となっているという設定だ。彼は笑いを取るために、舞台に出る前に酒を飲まなければならないのが欠点だった。

このプロットは、次に、老いた道化師「チャーリー」が亡くなった道化師仲間の娘「ピーター」を育てる話へと発展していく。二人は結婚して、ヴォードヴィルの一座で共に舞台に立つ。しかし、時を経て彼女は一座の若い男への恋心を抑えられなくなる。

この時点で、飲まなければ舞台に立てない芸人、老人と娘と若い男との三角関係など、のちの『ライムライト』に引き継がれる要素が多く見られるようになる。

道化師の話もチャップリンが長年温めてきたテーマだった。彼がサーカスの道化師を演じた『サーカス』（一九二八年）の公開後、当初次回作として盲目の道化師とその娘の話を構想していた。道化師は自分が盲目であることを娘に知らせていない。そう悟られないために、彼がぶつかったりこけたりするのは人を笑わせるためにわざとしているのだと娘に信じさせている。可笑しくも切ないこのストーリーから、主人公が盲目である設定が破棄され、代わりに「盲目の花売り娘」となって『街の灯』へと発展していった。

さて、この時まで数十年にわたって彼が考え続けてきた、「ダンサー」と「道化師」の二つの物語について、チャップリンは両者を同時に展開できる場所があることを思い出した。すなわち、世界で唯一、大衆的なヴォードヴィルと高級なバレエとが同居するロンドンのミュージック・ホールである。[11]

こうして、彼はニジンスキーとの出会いの衝撃から、『ライムライト』という創作の果実を得るに至った。天才同士だからこそわかるダンサーの美と苦悩、幼少期に精神が崩壊した母を看て以来感じてきた狂気への怖れ、芸術家の孤独、バレエと道化、老人と若者、愛と欲望——そんな根源的なテーマの作品化は、大英帝国が誇った幾層もの文化が畳み込まれ、二〇世紀アメリカの新メディアたる映画で輝きを増幅させた、チャップリンの舞踊的な身体によって可能となったのだ。

身体の拡張

チャップリンは『ライムライト』でも六二歳とは思えないしなやかなダンスを披露しているが、そういえば彼の名場面といえばダンスにまつわるものが多い。中でも、『黄金狂時代』のロールパンのダンスと、『独裁者』で独裁者ヒンケルが風船と戯れるダンスはその双璧だ。

興味深いことに、「ダンス」として名高いその両者に共通するのは、彼の肉体運動の妙もさることながら、「道具」の存在である。ロールパンに突き刺したフォークがダンサーの足になり、パンはデフォルメされたトーシューズになる。（このシーンを若い時に見た、文楽の人形遣いの三代目桐竹勘十郎は、「役者はんがあれだけ上手いこと足を遣うてはるのに、わてらは何をしてんのや」と大きなショックを受けたという。喜劇王が手近なもので演じたダンスが、人形に魂を吹き込む名人を唸らせたわけだ。）独裁者の世界征服の誇大妄想は風船となって膨らみ、空中へと浮遊し、最後は破裂して消える。

『独裁者』の地球儀の風船のダンス。

いずれのシーンでも、「ダンス」と言う言葉から連想されるような激しく早い肉体運動ではない。しかし、チャップリンの身体と手近な道具とが一体化して繊細にして精緻な動きが生まれた時、その想像力の広がりは限りないものとなる。

チャップリンが用いた道具の代表といえば、なんといってもステッキが真っ先に思いつく。これについては、蓮實重彥が「ステッキという小道具が、当時流行のスピード感あふれるスラップスティック喜劇と異なり、歩行を中心とするゆるやかな運動を喜劇に導入」したと、その重要性を指摘している。「チャップリンがキートンのように疾走することなく、自動車の曲乗りじみたギャグをあまりやらないのは、もっぱらそのステッキによってである[12]」。

本来ならば、それは歩行を支えるか、紳士の身だしなみとしての役割しか持たないはずのものだが、滋賀県の根竹で作られたよくしなる彼のステッキは体を支える杖としては役に立たず、その代りにさまざまなものに変容する。他人のゴルフバッグからゴルフクラブをくすねる時だって、相手と大立ち回りをしてかっぱらうのではなく、ステッキが手の延長となってくれて難なく手に入れるだろう(『のらくら』(一九二一年))。あるいは、ローラースケートでの追いかけっこの際も、必死の形相で走る追手たちをよそに、彼は道を走る自動車にステッキを引っ掛けて連結器の延長として使うことで、ゆうゆうと逃げおおせる(『スケート』)。さらには、身体や機械の延長としてだけではなく、喧嘩の時にそれは相手との間合いを取る空間の延長となって、優雅に勝利を納めることを可能とする(『質屋』)。第1章でも論じた通り、他のスラップスティック・コメディアンが、激しい肉体運動で物理的な破壊を引き起こすのに対して、チャップリンはステッキを使うことで身体・機械・空間についての

『移民』で揺れているのは、船ではなく、キャメラのほうだった。

固定観念を転倒させ、最小限の動きで想像力を最大に広げるようなシーンを作り上げる。ここに、チャップリンの身体の特異性の秘密がある。

深入りするつもりはないにしても、「身体」なる言葉について少しだけ振返っておくと、それはデカルトの「我思う。ゆえに我あり」にまで遡る。彼はあらゆる存在を疑った挙句に、しかし「いっさいを疑っている私」は確かに存在するということにたどり着いた。そうして、確かに存在する精神とそれが認識する物体とに分けて世界を捉える物心二元論をもって近代の思考は始まった。しかし、その後そうした近代合理論では捉えきれないものの一つとして、精神と肉体が分けられない場としての身体が見直されるようになる。市川浩の議論を借りると日本語における「身」という言葉を考えてみるとそれはわかりやすい。[13]「身にしみる」や「身の振り方」、あるいは「一身上の都合で」と言う時、その「身」は肉体であり精神であり、また社会的関係から個人の生理までさまざまなものや情念、情報が交錯する場所でもある。精神と肉体、さらには肉体の各器官という具合に細分化して考えるのではなく、ドゥルーズ＝ガタリ的に言えば、欲望し活動し生み出す総体としての、「器官なき身体」の概念に引きつけて考えることもできるだろう。[14]

スラップスティックのコメディアンたちは、優れた身体能力を生かして、大きなアクションで殴り合い、町中を走り回り追いかけっこをする。対して、チャップリンはそうした肉体運動とは別の次元で身体を動かす。すなわち、彼の想像力で持って、フォークとパンを足にし、ステッキを身体や機械の延長に変え、また空間をも創造する。逆に、第1章でも触れたが、水で洗った手を近くにいる男性の髭で拭く時、チャーリーは他人の身体の一部をタオルという物に変えてしまっている。チャップリンは肉体の運動量を競うことなく、身体を自在に拡張させせまた脱身体化させる。彼の身体は、その場を動かずして、極めて多義にわたる情報をさまざまに変換し伝える場となる。[15]

もう一つ、身体論でよく議論されるのは、認識の問題だ。斜めに建っている建物の前に立った時、人は建物か自分かどちらが斜めなのかわからなくなるような錯覚を覚える。つまり、空間と身体感覚は相互に作用しあうので、身体は皮膚に覆われた範囲にとどまらず、それは周囲の事物や空間と交わる場となる。

『黄金狂時代』で、夜通し続いた嵐のせいで小屋が崖っぷちまで吹き飛ばされるシーンがある。中で寝ていたチャーリーたちが起きると、動くたびに崖の上にある小屋の重心が変わり揺れるのだが、最初は「胃の調子が悪いせいだ」と彼は身体の不調だと思い込んでいる。しかし、ドアを開けて外を見ると断崖絶壁の真上にいることがわかり、実は家の方（空間）が傾いていたことに気づく。チャップリンは身体の認識やその範囲が容易に変化しうることを簡潔に示す。

身体と感覚について、さらに興味深いパフォーマンスが、『移民』（一九一七年）に出てくる揺れる船のシーンで展開される。ヨーロッパからアメリカへの船上では、大きな揺れのために大勢の移民たちが船酔いに悩まされている。しかし、チャップリンは甲板に片足で立ち、もう一方の足をあげてバランスをとり、揺れによって甲板の右から左へ、左から右へと片足のまま滑りながらも歩いている。観客は、あの揺れの中でも曲芸のように片足で滑るチャップリンの特異な身体能力による演技に笑う。

しかし、そのシーンは、実は船が揺れているわけではなく、キャメラに振り子をつけて画面の方を揺らして撮影しているのだ。船の甲板は、実際は傾いておらず水平のままなので、本来は船上の人が滑ることはない。では、なぜ彼が片足で甲板を左右に滑っているのか。実は、チャップリンは片足で立ったまま小刻みに足を動かして移動し、滑っているように見せているのだ。この曲芸によって、私たちは船が揺れていると錯覚させられる。ここまで来れば、チャップリンについて単に「身体能力が高い」というだけでは不十分であろう。チャップリンはその身体で空間の感覚そのものを揺らし、身体とは何かという根本的な問いを〈身〉をもって提起するのだ。

舞踊的身体の影響

舞踊的身体たるチャップリンは後世のダンサーたちにも大きな影響を与え、彼を題材にしたダンス作品も多く存在する。これほど多くのダンス作品の題材になっている喜劇役者が他にはいないという事実は、やはり彼の身体のユニークさを物語る。

バレエに限っても、周防正行監督により映画化もされたローラン・プティ振付の『ダンシング・チャップリン』(一九九一年)や、モーリス・ベジャールの『Mr. C...』(一九九二年)など名だたる振付師の創作対象となっている。

プティは主演のルイジ・ボニーノに託して、チャップリンのコミカルな動きやロマンティックな表情、繊細な身のこなしなどを正攻法で表現しようとした。

対して、ベジャールは賢明にも直接的なパスティーシュを避けて、チャップリンを題材にしたバレエ作品のオーディションのために集まったダンサーたちがそれぞれパフォーマンスを披露するも、結局そのような作品はできなかった、と高らかに敗北を宣言することで愛に満ちたオマージュとしている。ラストにおいて、作品を完成させられず座り込んでしまったダンサーたちの背後から、お馴染みの扮装の放浪紳士が現れて、そっと花を一輪置いて去っていく。そこに、老年に差し掛かった素顔のチャップリンの笑顔の写真が天井から降りてくる幕切れは感動的なものだった。

このように、バレエから前衛ダンスの巨匠の創作までも刺激するチャップリンだが、彼の身体表現を深い層で受け継ぐ一人として、マイケル・ジャクソンの名前をあげておきたい。

一九七九年にジャクソン5のツアーでロンドンを訪れたマイケルは、現地の写真家トミー・プライムに頼んでチャップリンが生まれ育ったロンドン南部に連れて行ってもらう。マイケルは、「チャーリー・チャップリンのことで頭がいっぱいだ」と彼に魅了されていたので、彼が生まれた場所の全てを知りたがっていた。そして、喜劇王の故郷ケニントン界隈に着くと、マイケルはステッキや山高帽などを揃えて、チャップリンに扮して写真を撮らせた。のちには、アルバム『Bad』の世界ツアーのスイス公演の際に、念願のチャップリン邸を訪れて、ウーナ夫人との面会を果たしている。

そのマイケルのトレードマークであるムーンウォークは、ダンサーのジェフリー・ダニエルから伝授された「バックスライド」と呼ばれる動きを改良したものだ。彼はその動きを自分のものにするにあたって、『モダン・タイムス』でチャップリンが歌い踊った「ティティナ」のダンス――上半身から足までまったく動かさずに足首だけを半円状に回転させて前に進む動きをヒントにした。また、「スムーズ・クリミナル」で披露した水平な地面に対して斜めに立つ有名なポーズは、『一日の行楽』でタールに足を取られたチャーリーの動きをそっくりそのまま再現したものだ。

プティによるチャップリンのパスティーシュは誠実にして見事なものだが、チャップリン的な身体という意味では、マイケルのムーヴは別の次元でその影響を受けているように思われる。前に歩いている動作で実際は後ろに進むムーンウォーク、そして「スムーズ・クリミナル」での斜めに立つポーズ――「ティティナ」譲りのダンス技巧もさることながら、空間と身体の関係を錯覚させ、身体についての認識を問い直すマイケルの動きは、『移民』の揺れる船におけるチャップリンから受け継いだものであり、それを身体一つでやってのける様もチャップリンの正当な後継者と言えるだろう。

チャップリンのダンスとは、身体そのものが再発見された現代において、パフォーマーの側から身体と空間の関係を問い直す試みだった。大英帝国の文化装置が育み、東西の表現をも取りこんだ特異な身体たるチャップリン。彼が、最愛の母と敬愛するニジンスキーの二人の精神の崩壊に衝撃を受け、生涯のかなりの部分を費やして『ライムライト』を作り上げたことを思うと、そのキャリアの核には常にダンスがあったことがわかる。

そういえば、一九七二年四月にアカデミー名誉賞を受賞したチャップリンは、授賞式においてジャック・レモンから渡された山高帽を被ろうとして、映画の演技そのままにふわりと空中に浮かせて見せた。モノではなく生きているかのように、あるいは重力を無化するように飛び上がった帽子。八三歳のチャップリンの、おそらく人前で最後に披露したパフォーマンスが、やはり身体と空間のありきたりな認識を脱臼させるギャグだったことに変わらぬ芸人魂を感じながら、あらためてニジンスキーの言葉を噛み締める。

「あなたの喜劇はバレエそのものです。あなたはまさしく舞踏家です」。

1　チャールズ・チャップリン著、中里京子訳『チャップリン自伝　栄光と波瀾の日々』（新潮文庫、二〇一八年）、三一頁。著者が一部改訳。（以下、『自伝　栄光と波瀾の日々』）。

2　同書、三三二頁。

3　同書、二四頁。
4　A J Marriot, *Chaplin: Stage by Stage*(2019, Marriot Publishing), pp.208-212.
5　デイヴィッド・ロビンソン著、上岡伸雄・南條竹則訳、大野裕之監修『小説ライムライト チャップリンの映画世界』（集英社、二〇一七年）、三七二頁。
6　*All the Year Round*, 3 September 1864.
7　大野裕之編『チャップリンの日本』（日本チャップリン協会、二〇〇六年）、四頁。
8　『自伝　栄光と波瀾の日々』、三三頁。
9　同書、三四頁。
10　『小説ライムライト　チャップリンの映画世界』は、デイヴィッド・ロビンソンが、チャップリン・アーカイヴの調査により『ライムライト』の成立過程を解き明かした名著だ。本稿も、筆者のアーカイヴ調査とともにロビンソンの議論を大いに参照している。
11　テリーが踊るのはレスター・スクエアのエンパイア劇場であり、チャップリンはかつてミュージック・ホールにバレエがあったという歴史的事実を残そうとしていた。ちなみに、『ライムライト』の男性ダンサーとして出演しているアンドレ・エグレフスキーはエンパイアの舞台にも立ったことがある。
12　蓮實重彥著『映画狂人シネマ事典』（河出書房新社、二〇〇一年）、三六頁。
13　市川浩著、中村雄二郎編『身体論集成』（岩波現代文庫、二〇〇一年）、一四―二一頁。
14　身体とパフォーマンスについては、たとえば、高橋康也著、笹山隆編『橋がかり』（岩波書店、二〇〇三年）の「身体」の章を参照されたい。
15　付け加えると、『ライムライト』のヒロインはトラウマで足が動かなくなっているという設定で、心と肉体の関係についてフロイトの身体についての議論を想起させる。

第3章

チャップリンと音楽

「音楽が私の魂に入ってきた」

チャップリンは、幼少の頃に〈音楽〉を初めて意識した時のこと——より正確に本人の言葉を引用すると、「音楽が私の魂に入ってきた」瞬間を鮮明に記憶していて、その経験をのちのちまで繰り返し語った。

母ハンナが極貧のあまり精神に異常をきたして施設に入れられ、父チャールズと後妻ルイーズ一家のもとに身を寄せていた時期のこと。ある土曜日に学校から戻ると家には誰もいなかった。その時は、「継母から床の掃除やナイフ磨きをさせられなくて済む」と喜んだチャップリン少年だったが、昼食の時間が過ぎても誰も帰って来なかったので、見捨てられたのではないかと心配になってきた。やがて午後が深まるにつれて孤独に耐えられなくなり、あてもなく近くの市場をうろついて、賑やかな人混みに気持ちを紛らわしながら時間を潰した。だが、夜が更けても誰も戻る気配はない。みんなは、自分を置いてどこかに行ってしまったのだろうか。疲れ果てた少年は、舗道の縁石に座って父や継母

チェロを弾くチャップリン

の帰りを待った。時刻は零時近くなっている。二つの大通りが交わるケニントン・クロスは人通りもなく静まり返っていた。

と、突然、音楽が角のパブの前庭から聴こえてきて、真夜中の空っぽの広場に鮮やかに鳴り響いた。彼の心は嬉しさで灯った。盲目の足踏みオルガン奏者と酔っ払いのクラリネット奏者による晴れやかな演奏は、少年をひとりぼっちの絶望から救った。[1]

一九二一年九月、初の長編映画『キッド』が世界中で大ヒットを記録している最中、約一〇年ぶりに故国イギリスに凱旋帰国をしたチャップリンは、真っ先に生まれ育ったケニントンを訪れる。自動車がケニントン・クロスに差し掛かった時、彼はかつてそこで聴いたメロディを思い出していた。イギリス訪問の直後に書かれた旅行記"*My Trip Abroad*"の一節を引用しよう。

ケニントン・クロス。

私が最初に音楽を発見したのはここだった。あるいは、その素晴らしい美を知った場所というべきか。その瞬間からずっと、音楽の美は私を楽しませ、私にまとわりついて離れない。すべてはある一夜のことだった。私はそこにいた。真夜中のことだ。全部はっきりと覚えている。私はまだほんの子どもだった。その美は甘美なミステリーのようだった。理解はしていなかった。ただ、それを愛しているということは知っていて、音楽の調べが心を通じて頭に届けられると、私は敬虔な気持ちになった。

突然、足踏みオルガンとクラリネットが奇妙でいて心地いいメッセージを奏でていることに気づいた。あとから、その曲は「ハニーサックルとミツバチ」という曲だと知った。思いのこもった演奏で、メロディとは何かということを初めて意識した。音楽への最初の目覚めだった。

（略）

ケニントン・クロス、音楽が私の魂に入ってきた場所。[2]

それから三〇年が過ぎた一九五二年、アメリカから事実上国外追放された彼が、客船クイーン・エリザベス号を下船して約二〇年ぶりにイギリスの地に降り立った時も、その思い出を記者に語った。「僕はその時七歳だった。今や六三歳だ」。

彼が繰り返し語った「最初に音楽を発見した」時の話には、興味深い謎が含まれている。六三歳の時のインタビューでは、七歳の時の経験として語り、"*My Trip Abroad*"でも「私はまだほんの子どもだった」と書いているのだが、実際はもう少し大きくなってからの話なのだ。

一九世紀から二〇世紀への移り変わり目のロンドンは、アメリカ製ミュージカルの最初のブームの真っ只中にいた。きっかけとなったのは、"*The Belle of New York*"という作品だ。のちに映画にもなったそのミュージカルは、一八九七年九月のブロードウェイ初演ではヒットしなかったものの、翌一八九八年にロンドンで幕を開けると、六七四回上演される大ヒットとなり、ウェスト・エンドで一年以上のロングランを記録した初のブロードウェイ・ミュージカルとなった。

当然ながら、ブロードウェイのプロデューサーたちはロンドンで二匹目のドジョウを狙う。そのうちの一本である"*The Prima Donna*"は、一九〇一年四月にヘラルド・シアターで幕を開けたがまったくの不入りで、製作者たちは慌てて三幕目にキャッチーな曲を一曲追加した。だが、そんなテコ入れも実らず、作品はわずか三六ステージを上演しただけでクローズしてしまう。製作費の赤字を回収するために、この時追加された曲の楽譜は広く販売され、多くのストリート・ミュージシャンによって演奏された。やがて、その曲「君はハニーサックル、僕はミツバチ（*You are the Honeysuckle, I am the Bee.*）」は、少年チャップリンが初めて出会った音楽になったというわけだ。[3]

つまり、チャップリンがこの曲に出会ったのは、一二歳の時のことなのだ。『自伝』では、父の後妻と住んでいた頃の体験として述べているので、もしそうだとしたら一八九八年一〇月から一一月のあいだ、すなわち一〇歳になる前のことになるのだが、いずれにしてものちに回想で述べた「七歳」

とは開きがある。幼少の時のことだったと勘違いするほどに、彼にとっては原初の体験としてのインパクトを持っていたということなのだろう。

それにしても、両親ともにミュージック・ホールの芸人で幼少から音楽に囲まれて育ち、自身もすでに音楽にまつわる仕事をしていた彼が、一二歳になって初めて「音楽」に出会ったと言っているのはおかしな話だ。しかし、そこに音楽の一つの本質があるように思える。その頃、母ハンナは精神病院への入退院を繰り返し、父は息子に愛を表現することに乏しかった。本人は孤児同然の境遇で舞台の仕事もまだ不安定だ。そんなどん底の生活の中で聴こえてきたメロディは、それまで耳にしていた「音楽」とは違っていた。その時初めて、「音楽が魂に入ってきた」のだ。それは絶望の淵にいる少年を救った。初めて知る「音楽の美」だった。

チャップリンの音楽愛

伯母のケイトによると、チャップリンは小さい頃から音楽に敏感だった。「赤ん坊だった時、チャーリーは、どんな種類の音楽でもそれが聴こえてきた瞬間に、おもちゃで遊ぶのをやめて、音楽が鳴り終わるまで小さな手を叩いて、うなずくように頭でリズムをとっていましたよ。[4]」

そんなチャップリンが、青年期には音楽家を志し熱心に楽器の練習をしたことはあまり知られていない。

チャップリンは、カーノー劇団で花形役者となった一六歳の時、ようやく少しは経済的な余裕もできたので、真っ先にチェロとヴァイオリンを買った。とりわけ彼は、「音が哀愁を帯びている」としてチェロを愛した。それを抱いて和音を弾く姿はまるで愛撫するようであったという。[5] アメリカ巡業公演に出た時は、大きな荷物になるので持っていかなかったのだが、旅の途中でもどうしてもそばに置きたくなって、ロス・アンジェルスでの公演中にまずチェロ本体を一二ドルで衝動買いし、翌週の給料でケースを買った。のちに「ローレル&ハーディー」のコンビで一世を風靡するスタン・ローレルは、カーノー劇団におけるチャップリンの後輩で、一九一二年のアメリカ巡業公演ではルームメイトだった。彼は劇団時代のチャップリンの音楽愛について、映画研究者のジョン・マケイブに次のように話している。

彼は自分のバイオリンをどこへでも持ち運んでいた。左利きで演奏できるように弦を反対に張り替えて、何時間も練習していたよ。ある時チェロを買って、それを持ち運んでいた。そんな時、彼はいつも音楽家のような格好をするんだ。淡い黄土色のコートに、緑のヴェルヴェットのカフスとカラー、緑が曲がるソフト帽をかぶって。髪を後ろに伸ばしてね。[6]

格好からして音楽家になりきろうとしていた、無邪気な憧れがほほえましい。ただし、こよなく愛した割にはチェロの腕前が上達することはなかった。

対してヴァイオリンは、ミュージック・ホールの演奏者や指揮者から特別レッスンを受けてなかなかの腕前になっていたようだ。左利きで演奏する姿は、後年の『ライムライト』でも見ることができる。ローレルも、「チャップリンのことは『上手なヴァイオリニストだ』とは呼べないけど、悪い演奏者ではなかった」と認めている。

デビュー三年目のミューチュアル時代に出た記事には、「もしあなたがロス・アンジェルスにあるチャップリンの自宅を夜に訪れると、彼がヴァイオリンで『カルメン』や『ラ・ボエーム』のメロディを奏でているのを見つけて驚くだろう」とある。楽譜の読めない彼は、耳で聴いたままにオペラ曲やアイルランド民謡、ジャズ曲などを、「ヴォードヴィルのエンターテイナーのように」弾いた。[7]むろん、新聞記事ゆえにいくぶんか大袈裟に書いているかもしれないにせよ、ちょっとした演奏を楽しめるぐらいにはなっていたようだ。事実、後年にチャップリンが作曲した映画音楽の中のヴァイオリンのメロディー展開にはパターンがあり、演奏しながら作曲していたチャップリン本人の手癖が反映されている。

一九一八年には念願のグランドピアノを購入した。彼のピアノの腕前が如何なるものだったかについては、何人かがそれぞれ異なった感想を残している。最低の批評は、スイス時代の作曲アシスタントであるエリック・ジェイムズによるもので、「チャップリンは右手の指三本だけでなんとかメロディを弾き、左手で和音を加えればひどいものだった」[8]と酷評だ。ただし、そのように記述したのは、恐らくジェイムズが、チャップリンの音楽創作における自分の働きを大きく見せようとしてのことだと思われる。

実は、チャップリン本人が作曲の際に、メロディを探すためにピアノを弾いているのを録音したテープのうち、少なくとも一九五二年から六九年までの分がアーカイヴに残されている。筆者はそれらを聴いたことがあるが、もちろん本職のピアニストというわけにはいかないにせよ、ちょっとしたレストランでムード音楽の演奏ぐらいはできそうな演奏力だ。

ビヴァリー・ヒルズに建てた屋敷にはパイプオルガンを備え付けた。『黄金狂時代』のヒロインであるジョージア・ヘイルは、チャップリンが明け方までパイプオルガンを弾いていたことを覚えている。二万八〇〇〇平米の広大な敷地ゆえ近所迷惑にはならないのだ。オルガンの部屋は彼の寝室へと開かれており、息子のチャールズ・ジュニアによると、「それは屋敷全体の中でもっともミステリアスな部屋だった。そう見えるように父が作ったのだ[9]」。

スイスに移ってからも、チャップリンがしばしば夕食後に電気を消してロウソクの灯だけにしては音楽を聴いていたのを、次女ジョゼフィンは覚えている。四男のユージーンによると、ロマン派のクラシック音楽から、ジャズ、さらにはボサノヴァと、そのジャンルは多岐にわたり、まさに「音楽に囲まれた家」だったという。

チャップリンは、音楽に囲まれるだけでなく、音楽家に囲まれることも好んだ。『自伝』では、付き合うのを好む人々として、映画人や科学者など他のどんな職業よりも、音楽家との交友を好むと告白している。オーケストラのハーモニーを例にあげながら、音楽家は「どんなグループよりも協調性を備えている[10]」と感じていたのだ。

チャップリンが世界的な著名人になってからというもの、時の偉大な音楽家たちはこぞって彼に会いたがった。そのことは、一時は演奏者を目指した彼を大いに満足させたに違いない。

自邸で数人の客人と世界情勢について語り合っていて、「大恐慌と失業は、精神的なルネッサンスを生み出すだろう」という話題になったときに、ふいに立ち上がって、「お話を聞いていて、ピアノが弾きたくなりました」とシューマンのピアノ・ソナタ第2番を演奏したウラディミール・ホロヴィッツ。チャップリンが演技をする様子を見学して、手を叩いて喜んだイグナツィ・パデレフスキとレオポルド・ゴドロフスキ。『街の灯』の撮影を興味深く見た、神童ヴァイオリニストのユーディ・メニューイン。セルゲイ・ラフマニノフとは宗教と芸術の関係について議論を戦わせ、ハンス・アイスラーから紹介されたアルノルト・シェーンベルクとは、親しいテニス仲間になった。[11]自邸でアルトゥール・ルービンシュタインをもてなした際、同席していたヤッシャ・ハイフェッツの前で勇敢にもバッハの一節を弾いて、かのヴァイオリンの巨匠を楽しませたこともあった。

後年スイスに移ってからも、アイザック・スターン、パブロ・カザルス、レナード・バーンスタインら巨匠たちが頻繁に彼の元を訪れた。現在は博物館となったヴヴェイの屋敷のサロンに今もあるローズウッドの木目が美しいスタインウェイは、名ピアニストのクララ・ハスキルがチャップリンのために選んだものだ。[12]

このようにチャップリンは生涯を通じて、音楽に囲まれて生活をし、音楽を愛し続けた。

チャップリンの「レコード・デビュー」

一九一六年、映画デビューして三年目にして、世界で一番サラリーをもらうようになっていたチャップリンは、満を持してかねてからの夢に挑む。

20世紀最高のヴァイオリニストの一人、アイザック・スターンと
スイスのチャップリン邸のテニスコートで。

この年、友人でヴォードヴィリアンのバート・クラークと「チャーリー・チャップリン音楽出版会社」を共同設立し、その第一弾として愛するチェロをテーマにした *"Oh! That Cello"* をはじめ、*"There's always one you can't forget"*、*"The Peace Patrol"* の三曲の自作楽譜を発売した。青年期より憧れてきた「音楽家デビュー」である。

映画スターによるこの新たな挑戦は、当時の音楽業界誌でも、「楽曲が喜劇俳優としての成功と同じぐらいの成果が得られるかどうかはわからないが、われわれは確かにチャップリンの音楽に関心がある[13]」と注目を集めていた。

だが、大衆の「関心」はそこにはなかった。当時の観客は自分たちを笑わせてくれる喜劇俳優チャップリンに夢中になっていたのであって、彼の芸術などというものにはなんの興味もなかったのだ。結局、二〇〇〇部印刷した楽譜のうち、売れたのはわずか三部。一部は作曲家のチャールズ・ガドマン、残りは通りがかりの人が買っていっただけだった。かくして、鳴り物入りのプロジェクトは大失敗に終わり、「音楽出版会社」は設立後一ヶ月でひっそりと閉鎖された。

それでも、チャップリンは夢を諦めずに、『黄金狂時代』が公開された一九二五年に、「映画のプロモーション」のために、*"Sing a Song"*、*"With you, Dear, in Bombay"* の二曲を作曲してレコードも発売し、まずまずのセールスを記録した。ただし、それはあくまで『黄金狂時代』の大ヒットのおかげでついでに売れただけであり、「映画のプロモーション」としての役割を果たせたとは到底言えない（そもそも、なぜインドの街をモチーフにした曲が、アラスカの雪山を舞台にした映画のプロモーションになるというのか）。

しかし、当時としては珍しかった「映画のプロモーション曲」という発想は、のちにウォルト・ディズニーに大きな影響を与えることになる。彼がチャップリンを師と仰ぎ、著作権や映画ビジネスについて多くを学んでいたことは第5章で詳述するが、ディズニーは「音楽を映画のプロモーションに利用する」という手法を受け継いで、八年後に『三匹の子ぶた』で映画史上初の主題歌「狼なんか怖くない」をヒットさせた。両者は、のちにエンターテインメントの世界では当たり前の手法となる「メディアミックス」をいち早く実践していたのだ。

音楽家としての成功

人々がチャップリンの音楽家としての才能に気づくのは、一九三一年まで待たなければならなかった。

一九二七年、アル・ジョルソン主演の初の本格的トーキー映画『ジャズ・シンガー』が公開され、フィルムは音を持った。だがチャップリンは、観客を限定してしまう単一の言語よりもパントマイムの方が普遍的な伝達手段であるとして、一九三一年に『街の灯』をサイレント映画で製作すると発表。ただし、トーキーへの対抗上、全編にわたりみずから作曲をした音楽をつけて、「サウンド版」として公開した。すでに一九二一年の『キッド』の時点で、各劇場に映画に合わせて演奏してほしい曲のキューシートを配布するなど、早くから映画と音楽とを分けられないものとして考えていたチャップリンにとって、サウンド版の製作は、本当の意味で彼の望む〈作品〉を完成させることでもあった。

『ライムライト』撮影中にピアノを弾くチャップリン。

当時、すでに時代遅れとみなされていたサイレント映画の公開は無謀な賭けだと思われたが、結果的に『街の灯』は世界中で大ヒットを記録。同時に、喜劇王は音楽の才能をも世に知らしめることになった。

以降、すべての作品において作曲を手がけ、一九四二年にはサイレント時代に公開した『黄金狂時代』に新たな音楽とナレーションをつけて再公開。スイスに移ってからも、一九五七年の最後の主演作『ニューヨークの王様』、一九六七年の『伯爵夫人』の作曲をしたのはもちろんのこと、一九五九年には『犬の生活』『担へ銃』『偽牧師』(一九二三年)の初期短編三本に新たに音楽をつけて「チャップリン・レヴュー」として公開し、一九六〇年代末からは、まだ音楽をつけていなかったサイレント時代の作品に新たにサントラをつけたバージョンも含めて、代表作が「ビバ!チャップリン」と銘打って次々とリバイバル上映され、世界中で大ヒットした。

楽曲そのものについても、新しい展開があった。一九五二年に『ライムライト』が公開されると、サントラのレコードもヒットした。翌年には、主題曲「テリーのテーマ」の、フランク・チャックスフィールドによるカバー演奏レコードが、全英チャートで数週間にわたりナンバーワン、全米でも五位を記録。リチャード・ヘイマンら他のミュージシャンによる演奏もチャートを賑わせ、さらには、「テリーのテーマ」にジェフリー・パーソンズとジョン・ターナーが歌詞をつけた歌曲「エターナリー」も、歌手のジミー・ヤングらが歌って大成功を収めた。

音楽出版社のボーンは二匹目のドジョウを狙って、チャップリンの映画を見直してふさわしい曲を探し、『モダン・タイムス』のラストシーンに流れる曲に歌詞をつけて発売したいとチャップリンに打診した。「エターナリー」の時の条件に不満だったチャップリンは難色を示したが、彼の取り分を上げることで合意。こうして一九五四年に、再びパーソンズらが歌詞をつけ、ナット・キング・コールが歌う「スマイル」が発売となった。「スマイル」は「エターナリー」をはるかに凌ぐ成功を収め、以降、ジュディ・ガーランド、トニー・ベネット、セリーヌ・ディオン、エリック・クラプトン、プラシド・ドミンゴ、エルヴィス・コステロ、マイケル・ジャクソンら、一五〇以上ものカバー版を生み、スタンダード・ナンバーとなった。

気を良くしたチャップリンは、『伯爵夫人』の主題歌をみずから手がけることにして、サントラの中から一曲選んで歌詞を書き下ろした。その曲「*This is my Song*（邦題は「愛のセレナーデ」）」は、「恋のダウンタウン」などのヒット曲を持つペチュラ・クラークが歌って、全英一位、全米三位をはじめ世界中でヒットし、こちらもフランク・シナトラら多くの歌手によるカバー版を生んだ。

この「*This is my Song*」はプロモーション曲以上の役割を果たすことになる。映画『伯爵夫人』はヒットせず、興行的には失敗に終わったのだが、主題歌の収益で製作費を回収することができたのだ。かつて、『黄金狂時代』の時は、映画のヒットのおかげで音楽も売れているという状態だったが、この時は音楽が映画の不振の埋め合わせをすることになった。

スイスに渡ってからは、新作映画の発表が二本にとどまったのに対して、かつてのサイレント作品にサントラをつけるための作曲に勤しんでいたことを思うと、一九六〇年代以降のチャップリンは「音楽家」としての活動がメインだったと言えなくもない。とりわけ、追放後しばらくチャップリン映画が上映されなかった冷戦期のアメリカでは、むしろ彼の音楽だけが聴かれていた時期も長かった。

こうして、最初の楽譜出版から数えると六〇年にわたる「音楽家」としてのキャリアにおいて、作曲した音楽をすべて演奏すると一五時間に及ぶ楽曲を発表、二〇枚以上のレコードアルバムを発売し、『ライムライト』ではアカデミー作曲賞を受賞した。映画人としての大きすぎる達成の影に隠れて目立たないのだが、音楽家としてもチャップリンは輝かしい業績を残したと言えるだろう。

チャップリンの作曲法

ところで、彼の作曲法とは、極めて特異なやり方であった。楽譜の読み書きができない彼は、完成した映像を見ながらその場面の音楽として思い浮かんだメロディを、ピアノやヴァイオリンで演奏したりハミングしたりする。それを専門的な音楽教育を受けた編曲者が書き留め、チャップリンの指示通りにアレンジをしたものを、また映像に合わせて演奏する。その作業を何度もやり直す、というものだった。長男のチャールズ・ジュニアは『モダン・タイムス』の作曲の時の様子を覚えている。

父は自分では音符を読めませんでしたが、彼は自分が欲しい音がわかっていて、それが得られていない時は、彼にとって正しく響くまで諦めることをしませんでした。父は、自分の助手として、業界のトップの音楽の才能を雇いました。[14]

ジュニアの言う通り、『モダン・タイムス』の音楽助手はいずれも高名な音楽家だ。アルフレッド・ニューマンは、のちに九回のアカデミー作曲賞を受賞することになる映画音楽の第一人者であり、今も使われているフォックス映画のオープニングのファンファーレを作曲したことでも知られている。もう一人の助手デイヴィッド・ラクシンは、シェーンベルクの弟子で、のちに『ローラ殺人事件』（一九四四年）のテーマ曲「ローラ」などで名を上げ、「映画音楽の祖父」と呼ばれるようになる。

ラクシンの回想によると、作曲作業中のチャップリンはいつも午前の中頃にスタジオにやって来た。小さなグランドピアノ、蓄音機、テープレコーダー、そして映写機がある部屋で、チャップリンがスクリーンに映写される演技に合わせてメロディをピアノで弾いたり口ずさんだりするのを、ラクシンが書き留めて編曲をするのだった。

ラクシンいわく、チャップリンが最初から最後まで作っているわけでもなければ、彼がメロディを生み出して、「あとは適当にアレンジしてくれ」とラクシンに任せたわけでもなかった。

そうではなくて、私たちは何時間も、何日も、何ヶ月も、あの映写室で過ごし、シーンやちょっとしたアクションを何度も何度も上映して、まさしく私たちが求めているものになるまで、音楽を形作っていく、素晴らしい時間を持ったのだ。シーンをやり遂げた時までには、私たちは何度も上映して、音楽が映像と完璧に同期していることを確かめた。映画作曲家でこんなことをする人はほとんどいない。普通の進め方は、映像と音楽とを調和させるために、タイミングのシートとストップウォッチで仕事をする、というものだ。[15]

このやり方は後年になっても変わらず、スイス時代の編曲者であるエリック・ジェイムズによると、チャップリンが作ったメロディに合わせてジェイムズが和音をつけて聴かせると、チャップリンから「ここを強調してくれ」とか、「ここのムードを変えてくれ」などの指示が延々と続き、わずか二小節のために一時間以上かかることもあったという。チャップリンは次々とメロディを思いつくままに口ずさむので、エリックの楽譜を書く手が追いつかない。「まだ書き留めていないのか？」と聞くチャップリンに、エリックは「私はミュージシャンであって、マジシャンではありません」と答えるのだった。そんな二人の作業の様子は、まずチャップリンがピアノでメロディを弾いて、次にピアノにエリックが座って和音を合わせると、いやいや違うとチャップリンが椅子に座って弾いて、という具合で、「それはピアノの椅子取りゲームのようだった！」。チャップリンはアレンジについても確固たるイメージを持っており、ここのヴァイオリンはこうして、ここはもっとワーグナー風に、などと細かい。そして、ようやく満足いく音楽ができると、チャップリンの顔が明るくなって「それ貰うよ(I'll buy that)」と言う。それはエリックの知る限り、イギリス人であるチャップリンが唯一口にするアメリカのスラングだった。[16]

『独裁者』はセリフのあるトーキー映画であるため、全編にわたって曲がつけられているサイレント映画のサウンド版に比べて音楽は少ないのだが、それでも編曲を担当したメレディス・ウィルソン（のちにブロードウェイ・ミュージカル『ミュージック・マン』でトニー賞を受賞する）にとって、チャップリンとの共同作業は大きなインパクトを与えたようで、「私はチャーリー・チャップリンほど、完璧であることの理想に自分を捧げる人に出会ったことがない。彼の細部への注意力や、彼が求めているムードを表現するための、正確な音楽のフレーズやテンポに対しての感覚に、私は常に驚嘆していた」と書き残している。[17]

チャップリンは、演技に関して、完全に満足が行くまで何度でも撮影をし直したことで知られているが、音楽に関しても同じ方法を貫いた。『ライムライト』の編曲者レイモンド・ラッシュは言う。「最初、私は狂人に出会ってしまったと確信した。これが仕事中の天才の姿だとは信じられなかった」。[18]

編曲者は一様にチャップリンの完璧主義を称える回想を残しているが、実際にそれに付き合わされていた間は大変だった。ジュニアの回想によると、『モダン・タイムス』の作業をしたエドワード・パウエルは音楽を書き留めるのに集中し過ぎて、失明直前になり、助かるために専門医に診てもらわなければならなかった。デイヴィッド・ラクシンは、一日平均二〇時間は働いたことで、体重が二五ポンド減り、時には消耗して家に帰る力もなく、スタジオの床で寝た。疲れを知らないチャップリンは決して座ることなく、「音楽に合わせてジェスチャーを始め、作業中のシーンのいろんな登場人物の演技をやって、それらの動きを戯画的に見せて、彼自身の中でトータルな反応を呼び起こしていた」。[19] 編曲者たちはそんなチャップリンのパフォーマンスを楽しみながら仕事をしたが、体力が追いつかなかった。そんなわけで、スイスに渡ってからのエリック・ジェイムズを除いて、編曲者は一作品ごとに交代している。（それにしても、誰が編曲者になろうと、メロディもアレンジも、そのテイストが一貫しているのは、チャップリンが欲しい音を追求した結果であり、協力者が代筆したものではないことを図らずも証明している。）

身体的音楽、あるいは音楽的身体

このようにして出来上がったチャップリンの音楽は、優雅でロマンティックなメロディを持つものが多い。それは確かに名曲には違いないが、たとえば第1章から第2章にかけて論じたような、彼の身体――現代的／機械的であり、また身体の概念そのものを変容・拡張させ、アヴァンギャルド芸術にも大きな影響を与えたようなパフォーマンスに比べると、どう聴いても「前衛的な音楽」とは呼べない。実際、友人だったシェーンベルクは『モダン・タイムス』を見て、「映画はとても面白かったが、音楽はひどかった」と感想を述べた。[20] 一二音階技法を体系化した現代音楽の大家にとっては、あまりに感傷的に聴こえたのだ。

山口淑子は、一九五〇年にイサム・ノグチら数名の芸術家と共にチャップリン邸を訪れた時に、当時『ライムライト』に取り組んでいた喜劇王が、作曲したばかりのテーマ曲をピアノで演奏した時のことを覚えている。ノグチらも音楽には一言持っていて、チャップリンに対してお世辞は言わず、「甘ったるい曲だ」などと批判を始めた。チャップリンも引き下がらずに、いやこれはヴァイオリンの曲だから、ヴァイオリンで弾けばよく聴こえるはずだ、と言いながら必死でヴァイオリンを弾き始めたという。(そんな芸術家たちの議論を、山口淑子は大いに楽しんだ。[21])

優雅でロマンティックなチャップリンのメロディは、普通に考えるとコメディの伴奏曲としては似つかわしくないものだ。しかし、そこにはチャップリンの信念があった。

喜劇映画には、浮浪者のキャラクターに反する優雅でロマンティックな曲をつけたかった。エレガントな音楽によって映画に情感を添えたかったのだ。編曲家は、この点をほとんど理解せず、滑稽なものにしようとしたが、わたしは、音と映像をせめぎ合わせるような事はしたくない、音楽は主人公に優雅さと魅力という情感を添えるための対位旋律のようなものだ、とよく言って説いた。情感がなければ芸術作品は不完全なものになると、ハズリット（名エッセイストとして知られるイギリスの文筆家。一七七八〜一八三〇）も書いている。[22]

この「対位法」は、カーノー劇団のフレッド・カーノーの演出から受け継いだものだった。一九五二年一〇月一五日のラジオ番組「ライト・チャンネル」では、次のように言っている。

私は音楽を対位法として使う。私はそれをカーノー劇団から学んだ。例えば、大勢のコメディの浮浪者が登場する汚らしい場面があるとして、カーノー劇団では一八世紀に作られたような、豪華な感じの美しい室内楽を流すんだ。それが皮肉な効果を生む。対位法だ。

演技で表現しているものをなぞるだけの説明的な音楽をつけるのではなく、演技に対して「対位旋律」となる音楽を重ねることで、多面的・多声的な演出が可能となる。チャップリンは喜劇的な場面にあえて美しい旋律を対比させることで、喜劇の裏に潜む悲劇性を浮かび上がらせたのだった。

チャップリンは、音楽が場面の添え物ではなく、映画にとって本質的なものであることを知っていた。まだサイレント時代の一九二五年において、劇場でかける伴奏音楽の重要性について、次のように発言している。「映画のためのオーケストラ楽譜の重要性は、強調してもし過ぎることはない。映画が作られるのと同じように楽譜が作られるべきだと私は信じている――映画を作るのに一年費やし、その後一週間でスコアを用意するというのではいけないのだ。それはまるで、パヴロワが踊る直前に、『私は踊ります――ああ、そうだ、音楽もかけます』と言っているようなものだ。[23]」

彼の身体演技は、音楽とは分けられないものであり、もっと言うと、彼の演技がすでに音楽的であった。『モダン・タイムス』と『独裁者』でヒロインを務めたポーレット・ゴダードは、「チャーリーはリズムとテンポにおいて考えている。ある場面を演じる俳優に対して演出する時、彼はそのシーンをダンサーに対してするように説明する」と回想している。「彼と一緒にシーンの演技をすることは、音楽に合わせて演じているのと全く同じで、否応なしにその中に入り込んでしまうのだ[24]」。

彼の身体は周囲の人を巻き込むほどにリズムを打っていた。演技と音楽とはどちらが主でどちらが従というわけではなく互いに共鳴し、ジュニアの回想の通り、音楽はチャップリンの身体において、「トータルな反応を喚起」していた。

彼の身体のリズムにシンクロナイズさせるために、編曲者とともに何度もやり直して生み出した音楽を注意深く検証すると、それは生理的に心地よいシンプルな音楽に聴こえて、実はしばしば拍子やテンポが頻繁に変化する複雑な構成になっていることに気づく。「例えば、『黄金狂時代』の冒頭の一〇小節は、拍子が少なくとも四回は変わるのだが、それでいて、四拍子で書かれているかのように自然に流れていくのだ[25]」。構成だけを取り出せば、音楽理論に基づいて書かれたかのような複雑さを、彼は知らずに直感的に捉えて創造していたわけだ。その音楽は、人間の身体が持つシンプルな美と複雑さの両方を反映している。

チャップリン映画において、キャラクターの動作や感情、シーンの変化は音楽になり、音楽はシーンを動かし駆り立てる。『黄金狂時代』でチャップリン演じる放浪者が、吹雪の中で小屋に辿り着くシーンでは、放浪者がドアをノックする動作、そこに落ちてくる雪、その気配に反応する小屋の中にいる悪党、警察が来たのではないかと怯える悪党の心情、恐る恐る小屋に入る放浪者の不安、そして食べ物を見つけた彼の驚き――これらのモーションとエモーションの絡み合いを適切に表現するために、なんと二分ほどのシーンで二〇回以上、拍子と曲のパターンが変わる。こうして、演技と音楽と

『キッド』撮影中にヴァイオリンを弾いて、ジャッキー・クーガンと遊ぶチャップリン。

ジャズ・ミュージシャンのエイブ・ライマンの楽団を指揮するチャップリン。

が完全にシンクロして分離することのできない作品が出来上がる。それは生身の身体から湧き上がったものであるがゆえに、極めてシンプルで親しみやすいメロディにして、同時に現代音楽的とも言える複雑な構造を持っているのだ。

チャップリン映画においては、映像と音楽が完全に同期し、密接に連関し、調和し、あるいは刺激しあい対立することで、新たな価値を創造する。彼の作る音楽は、その類まれな身体が発するリズムとメロディであり、つまりはチャップリンの身体がすでに音楽的であったのだ。

引用とライトモチーフ

これまでチャップリン自身が作曲した音楽のユニークさについて見てきたが、ここでは既存の音楽の引用にも注目したい。

チャップリンは、『街の灯』に使われたことで世界的に知られることになったホセ・パディリヤの「ラ・ヴィオレテラ」をはじめ、リムスキー゠コルサコフ（『黄金狂時代』での「熊蜂の飛行」、『街の灯』での「シェヘラザード」）、チャイコフスキー（『黄金狂時代』での「花のワルツ」）など、やはりロマンティックな曲を好んで選んだ。前述した『黄金狂時代』の冒頭では、チャップリンが作った曲に混じって、ブラームスの『四つの小品』から「ロマンス」が、違和感なく自然に引用されている。

この他にも、よく知られた曲をストーリーに意味を添えるために用いたこともあった。例えば、『街の灯』でチャーリーが酔っ払いの大金持ちと一緒に運河に落ちてしまうところで、アーヴィング・バーリンの一九一九年のヒット曲 *"Near Future"* が流れる。この曲は、"How dry I am / Nobody knows"「私がどれだけドライ（＝シラフ／乾いている）か、誰も知らない」という歌詞で有名なのだが、それをずぶ濡れの酔っ払いシーンに流すという遊び心だ。シーンの内容と正反対の意味を持つ有名曲を流して、皮肉さを演出している。

さて、そんな音楽の引用による演出は、『独裁者』において頂点を極める。世界征服の妄想を抱く独裁者ヒンケルが、地球儀の風船と踊る有名な場面を見てみよう。チャップリンは独裁者の狂気を描くこのシーンに、ヒトラーがこよなく愛したワーグナーの『ローエングリン』の「第一幕への前奏曲」を引用する。ヒトラーは、演説会でワーグナーの音楽を流して聴衆を高揚させ、みずからを神格化する演出を施した。チャップリンはそれをあえてなぞることで、政治が芸術を利用してきた悪しき関係を批判的に描く。

しかし、突如、地球儀の風船が割れ、妄想のダンスは強制的に終了させられ、ローエングリン前奏曲も唐突に終わる。そして、その次にラジオから流れるブラームスの「ハンガリー舞曲　第五番」にあわせて床屋が髭を剃る名場面が始まる。

つまり、前のシーンの最後で、風船が割れると同時に政治と芸術の主従関係を断ち切り、次に音楽に合わせて市民が仕事をしているコミカルなシーンにおいて、民衆と芸術のつながりを見せるというわけだ。

これら二つのシーンは映像技法や演技の点でも対極にある。

地球儀のダンスは即興のように見えて、実は七ページにわたって脚本に細かい動きを書き込んで準備したシーンだ。ヒンケルがカーテンに登るところや執務机の上にふわりと浮かぶ演技などは、回転スピードを調整した上での逆回転撮影を用いている。十分に構成を練った上で、特撮を駆使して独裁者の荒唐無稽な野望がまさに現実離れして浮遊する様を映像化している。

対して、床屋のひげ剃りのシーンは、撮影時にブラームスのレコードを聴きながら、編集無しのワンシーン・ワンカットで、実際のスピードで撮影された。撮影されたのは、一九三九年九月三〇日のこと。一四時三〇分からチャップリンと客を演じたチェスター・コンクリンとがリハーサルを開始。三時間のリハーサルで、キーストン時代に数多く共演したコンクリンとの息の合った演技が練り込まれ、一七時三〇分からわずか一時間五分で撮り終えた。撮影・編集技術を凝らして作り上げた地球儀とのダンスシーンも映像作家チャップリンの熟練の技なら、髭剃りはミュージック・ホール仕込みの究極の身体芸。双方とも喜劇王の真骨頂だ。

そして、映画の最後に、独裁者と間違われた床屋が、大群衆を前に平和と民主主義を訴える六分間の演説をしたあと、恋人のハンナに呼びかけるシーンにおいて、再び『ローエングリン』の「前奏曲」が流れる。政治と音楽との従属関係を切断することで全否定し、そののちに同じ曲を民主主義を訴える演説の後で聴かせることで、民衆と芸術とのつながりを全肯定する。

ワーグナーからチャップリンへの影響は、音楽の引用に止まらず、ライトモチーフの手法にも及んでいる。『街の灯』では、「ラ・ヴィオレテラ」が花売り娘の登場を告げるライトモチーフとして使われ、チャーリーが街を歩くときの音楽も効果的に反復される。

一九三〇年代から四〇年代にかけて作曲された、『街の灯』『モダン・タイムス』『黄金狂時代』の三本のサイレント映画のサウンド版は、いずれも曲を聴くだけでどのシーンのどの演技かを思い浮かべることができるまでに、映像と音楽とが密接に絡み合ってドラマを構築しており、その点においてワーグナーの楽劇を彷彿とさせる。

〈音〉の拡張

それにしても、これほどまで映画と音との関係を厳密に考え、映画における音の可能性を追求していた彼が、トーキー時代が来たときにいち早く発声映画に乗り出さなかったのはなぜなのか。

彼がサイレント映画を守った理由は、彼自身による説明によると、単一の言語を喋ると限定された観客にしか伝わらないのに対して、パントマイムは普遍的な伝達手段であり、世界共通語であるから、というものだ。「わたしは元来パントマイム役者で、その分野では誰にもまねのできないものを持っており、上辺だけの謙虚さを捨てて言えば、その名人であると自負していた。」[26]

そもそも「放浪紳士チャーリー」のキャラクターが、どのような声で喋ればいいのかという大きな問題もあった。歴史上初めて世界中に行き渡ったキャラクターであるチャーリーには、世界中の観客がそれぞれのイメージを持っている。どんな声で喋っても、その人の持つイメージは崩れてしまう。

また、映画技法の点から見ると、トーキー映画とは単に「サイレント映画に声を足したもの」ではなかった。〈絵〉で物語を語るサイレントと、〈言葉〉で語るトーキーは別個の表現であり、とりわけコメディアンにとっては、身体表現のギャグと、言葉の面白さによる笑いとは全く違う。何より、サイレントでは、例えば追いかけっこシーンなどの撮影の際には、キャメラの回転スピードを落して、上映時に早回しで見せることでコミカルさを増す演出ができたのに対して、トーキーだと回転数を変えると声のトーンまで上下してしまう。結果、サイレントでは可能だったスピード変化による演出ができなくなり、初期トーキー映画ではコメディのテンポが失われてしまった。サイレント時代に人気を博したコメディアンたちが没落していった所以である。

ただし、チャップリンが人気の急落を恐れてサイレントに固執した、というわけではない。『街の灯』公開直前のユナイテッド・アーティスツの取締役会の議事録を読むと、「時代遅れのサイレント映画にヒットの可能性はない」と役員たちは皆悲観的で、ろくに宣伝もしていなかった。確かに、考えもなしにトーキーに乗り出せば人気は急落しただろう。しかし、サイレントを守ることは当時の映画ビジネスにおいて最悪の手と見做されており、どちらにせよ未来はないと思われていたのだ。

技術革新に対しては守旧派であるという世評とは裏腹に、チャップリンは新しいテクノロジーについて常に好奇心を持っていた。一九二八年ごろにはキャメラマンのロリー・トサローと一緒に3D映像のテストを行なっているし、実は、『ジャズ・シンガー』公開より九年前の一九一八年一二月九日に、ある発明家からトーキー映画の実験への参加を呼びかける手紙を受け取り、チャップリンも大いに興味を示していた。

つまり、チャップリンは「降って沸いたトーキー騒動の中で、保守的にサイレント映画に固執した」などというわけではなく、数年前からトーキー映画の時代が来る可能性を察知しながら（またそのことに興味も示しながら）、どちらを選んでも地獄を見るという状況の中で、『街の灯』を音楽つきのサイレント映画にすることを決めたのだった。

彼は新技術に飛びついてトーキーを取り入れたわけでも、流行に乗り遅れてサイレントに取り残されたのでもなかった。彼が、そこから一〇年間かけて初の本格発声映画である『独裁者』を製作するまでの道筋は、映画における音の可能性を拡張していくプロセスに他ならなかった。

実際、『街の灯』を見て、それが「サイレント映画を守った作品だ」などと言うのはナイーブに過ぎるだろう。冒頭からして、それまでの無声映画とは明らかに違う〈音のギャグ〉に満ちている。オープニングの記念碑の除幕式のシーンで、彫像の上で寝ているチャーリーは、式典参列者たちから「早く降りろ!」と怒られる。しかし、その時アメリカ国歌が演奏され、怒る参列者たちも、彫像の剣がスボンのお尻の部分に突き刺さり身動きが取れないチャーリーも、その場で最敬礼のポーズを取る。大騒動の最中でも国歌が聴こえると否応なしに敬礼する人々。この、国家という制度に対しての痛烈な風刺のギャグは、「国歌の演奏」が聴こえないと笑えない。すなわち、音のギャグだ。

それ以外に音のギャグを列挙してみると、『街の灯』で笛を飲み込んでしまい鳴らし続けるチャーリー、『モダン・タイムス』の監獄でチャーリーと牧師の妻がお互いにお腹の音を鳴らしてしまうギャグ、『独裁者』で床屋がプディングに入ったコインを飲み込んでしゃっくりをするたびに金属音が鳴るシーン——これらに共通するのは、「チャーリーの身体から意図せず音が鳴る」という点だ。身体そのものが、音を生み出す装置となっているのだ。

身体は音を生み出し、そして音は周囲のものを身体へと変えていくだろう。『独裁者』の冒頭で、長距離砲(ビッグバーサ)の巨大な砲口から不発弾がぽとりと落ちるシーンの音を思い出してほしい。

効果音としてはおよそふさわしくない、げっぷのような音とともに大きな砲弾が地上に落ちる。『街の灯』で飲み込んでしまった笛が、あるいは『独裁者』で飲み込んだプディングの中のコインが、すなわちチャーリーの身体の中にあった異物が、ビッグバーサの長い砲身からげっぷとともに排出されたかのように。チャーリーの身体＝音は、長距離砲という巨大な物体までも身体化し、その音ひとつで恐ろしい武器は嘲笑われる対象となる。そうして、〈音〉は前章で触れた〈身体の拡張〉に一役買うのだ。

このように、チャップリン映画において、音の存在は、映像をなぞることなく、むしろ映像に対して批評的な対位旋律となり、チャーリーの特権的な身体を拡張・変容させる助けにもなる。

さらに注目したいのは、音の存在だけでなく、音の認識そのものにおけるズレや、あるいは音の不在、分離、切断が、笑いを生み、ドラマを構築するということだ。

たとえば、もう一度『街の灯』を見てみよう。本作の撮影においてもっとも多く撮り直されたのは、放浪者チャーリーと盲目の花売り娘との出会いのシーンだ。渋滞している道を横断するために、チャーリーは停車中の高級車の後部座席を通って、ドアを開けて舗道に出る。花売り娘は目が見えないので、高級車のドアが開く音を聞いて、そこから出てきたチャーリーをお金持ちだと勘違いする。

視覚と聴覚から得られる情報を総合して状況を認識するチャーリー。対して、視覚情報が切断された状態で、ここでは主に音だけを聴いて状況を認識する盲目の花売り娘。視力を持つものと持たざるもの、それぞれにとっての〈音〉の認識のギャップが、物語の発端となる。そのギャップで浮浪者は大金持ちと勘違いされる——つまり、ドアの開閉の一音だけで、「社会的な強者だと勘違いされた弱者」という皮肉な状況が設定される。観客は、ギャップから始まった喜劇に笑いながら、やがて盲人と無産階級という二人の社会的な弱者の哀しみに胸を突かれる。残酷な愛の物語の引き金となり、社会の格差を痛烈にえぐるたった一音の認識のズレ。

その上、チャップリンは、〈音の不在〉や〈想像上の音〉までも聴かせる。

サイレント時代の『サーカス』に、チャーリーがあやまってライオンの檻に閉じ込められてしまうシーンがある。檻の中ですやすやと寝ているライオンが起きる前に、なんとかそこから脱出しなくてはならない。しかし、折悪く檻の前に犬がやってきて、檻の中のチャーリーに向かって激しく吠え立てる。犬の吠える声でライオンが起きてしまわないかと心配するチャーリーは、犬に静かにしてくれと懇願するも通じない。そこで、チャーリーは両手で自分の耳を塞ぐ。せめて犬の鳴き声が自分だけでも聴こえないようにしているのだが、そんなことをしてもなんの解決にもならないわけで、トンチンカンな行為に観客は爆笑する。

この間、犬の鳴き声を含めてどんな効果音も鳴っておらず、一九七〇年の再公開版でもチャップリンが作曲した音楽のみが演奏されている。しかし、観客である私たちには、寝ているライオンを起こしてしまいかねない犬の鳴き声が想像できるので、ヒヤヒヤしながら笑ってしまう。世の中がトーキー一色になる前に作られた、サイレント時代最後の作品において、音を使わずに、観客に音を想起させる演出をしていたわけだ。しかも、チャップリンが両手で耳を塞いで、彼にとって音が不在になった瞬間、私たちには逆により大きな鳴き声が聴こえるように感じて、チャーリーの不安の増大とともに笑いは最高潮に達する。（ここで、『ライムライト』のテーマ曲のレコーディング中に、チャップリンはオーケストラに向かって盛んに「音がないところに音があるんだ」と演出をしていた、という山口淑子の証言を思い出す。[27]）

こうして見ると、もはや、チャップリンの音楽について、甘いメロディだけでなんら革新的なところはないと切り捨てることはできないだろう。[28] チャーリーの身体と分かちがたい音／チャーリーの身体が生み出した音は、周囲のものをも身体化し、音の認識そのものを問い、さらには音がないにもかかわらず見るものに音を想起させ、音の不在によって音を増幅させる。チャップリンにおける音は身体や空間を拡張するにとどまらない。それは、音の概念そのものを拡張したのだ。

それゆえに、チャップリンの身体表現に触れた音楽家たちが、そこに他にはない〈音〉を感じたとしても不思議ではない。

伝説的なピアニストにして作曲家・政治家でもあるイグナツィ・パデレフスキもチャーリーの身体に音を感じた一人だった。彼は、一九一六年にチャップリンの撮影現場を訪れた際に、喜劇王の演技を見て手を叩き、「ブラヴォー！　偉大なピアニストが持っているものを、映画界は失った。偉大なパイ投げの名手が持っているものを、音楽の世界は、素晴らしいミスター・チャップリンにおいて、手に入れた」と謎めいた賛辞を贈った。[29]

もう一人、チャップリンが有名になるはるか以前に、彼が類まれな音楽家であることを見抜いていた人物がいる。

一九〇八年、チャップリンはカーノー劇団の巡業公演でフランスを訪れ、パリ随一のミュージックホールであり、マネやロートレックの画題にもなった「フォリー・ベルジェール」での公演で主演を務めた。

その時、ボックス席で公演を見ていたある音楽家が、主演を務めた一九歳の若者のパフォーマンスに感嘆し、面会を求めた。「音楽家の紳士は、わたしの演技をとても楽しんだと言い、わたしが若いことに驚いたと話した」。彼はなおも話を続け、「君は生まれながらの音楽家かつダンサーだ」と立ち上がってチャップリンの手を握って、「まさにそうだ。君は真の芸術家だ」と熱烈にまくしたてた。[30]

その音楽家――すなわち西洋の現代音楽からジャズやミニマルミュージックへと、のちのちまで大きな影響を与えることになるクロード・ドビュッシーは、まだ無名だったチャップリンの身体と音楽のユニークさをいち早く見抜いていたのである。

音楽と社会――〈前衛〉の音楽家

チャップリンは多くの音楽家を刺激した。ダリウス・ミヨーはチャップリンの短編喜劇にインスパイアされて、彼の映画に使ってもらうことを夢見て、「ヴァイオリンとピアノのためのシネマ幻想曲」を作曲した。むろん、チャップリンには使ってもらえなかったので、ジャン・コクトーが台本を手がけたシュルレアリスティクなバレエ作品「屋根の上の牛」の音楽となった。

イーゴリ・ストラヴィンスキーは、チャップリンとの会食の席で、一緒に映画を作りたいと言い出した。喜劇王は、退廃的なナイトクラブで上演されているキリストの磔刑のショーを客たちが無関心に眺めている、というシュルレアリスティクなストーリーを提案して、偉大なロシアの作曲家を困惑させてしまう。しかし、ストラヴィンスキーはのちのちまでチャップリンとの共作を望んでいたようだ。

チャップリンは新しい世代の音楽表現のインスピレーションの源にもなっている。前述の通り、彼の音楽は、多くのアーティストによるカヴァー・ヴァージョンを生んできたが、二一世紀になるとその影響はヒップホップにも及び、二〇〇四年にはJ-Fiveが「ティティナ」をサンプリングした「モダン・タイムス」が、フランスでヒットチャート一位を獲得した。

二〇一八年にはロックグループU2が、"eXPERIENCE & iNNOCENCE Tour"のオープニング映像に『独裁者』のラストの演説を引用した。第二次世界大戦をはじめ過去のさまざまな戦争で廃墟となった都市の映像に、『独裁者』のラストの演説をかぶせて、「あなたたち、民衆はこの人生を自由で美しいものにし、素晴らしい冒険にする力を持っている！　さあ、民主主義の名のもとに、その力を使うんだ！　力を合わせて、新しい世界のために闘おう！」と呼びかける床屋のクロースアップを映した後、マーティン・ルーサー・キング牧師らこれまで自由と平等のために闘った人々や未来への希望を表す映像が映される。U2のロック音楽とチャップリンの演説との力強い競演は、大きな感動を呼んだ。

二〇二〇年には、新型コロナウイルスの感染拡大に苦しむ人々に向けて作られた、音楽家たちによるチャリティ動画「*One World: Together At Home*」で、一番手のレディ・ガガがチャップリンの「スマイル」を歌った。社会の底辺にいた極貧の幼少期に、「音楽が魂に入ってきた」ことで救われたチャップリン。そんな彼が生み出した音楽は、インターネット社会に生きる現代人の魂に入ってきて、多くの人を勇気づけている。

このようにチャップリンの音楽は、これまで多くの音楽家に影響を与え、U2やレディ・ガガなど音楽が社会にコミットする場面においてもいまだ存在感を示しているわけだが、ここで唐突に本章において抜け落ちているミュージシャンの名前に思いを馳せる。

二〇世紀を代表する映画のアイコンがチャップリンだとすれば、音楽ジャンルのアイコンとしてビートルズの名前が上がるだろう。どちらもイギリス人であり、世界的な現象となった芸術家だ。なかでもジョン・レノンはアメリカに移り住み、社会の問題に鋭くコミットした点でも、チャップリンとの共通点を持つ。

ポピュラーカルチャーの二大巨頭が直接会っていたらどんな会話を交わしただろうかと想像するだけでも楽しいが、残念なことに両者が会った形跡はない。それは無理もないことで、ビートルズがデビューして世界中を熱狂させた一九六〇年代と言え

ロックグループ「U2」の ‘Europa EP’ のジャケット。2019 年 4 月に、チャップリンの生誕 130 年を記念して発売となった。

ば、チャップリンはスイスの自邸に篭って『自伝』の執筆に専念し、また最後の監督作『伯爵夫人』を作った時期だった。半世紀も年齢が離れた両者が接点を持つことはなかった。

では、新旧の巨人は互いを意識したことはなかったのだろうか？

実は、数こそ少ないが、両者が互いについて言及した発言が残されている。

チャップリンは一九六七年のインタビューの中で、ビートルズ出演のアイドル映画『ハードデイズ・ナイト』（一九六四年）を見て、感想を述べている。

多くのものがもうすでになされているのです。ビートルズの映画をちょっと見ましたが、古い古いギャグが使われていましたよ、泡風呂のようなのがね！　ストップモーションのギャグは、私たちが一九一四年にやっていたことです。当時は退屈なもので、誰も見向きもしなかったのに。殴り倒して、引きずって、といったキーストン風のあり得ないギミックも——まあ、いいものですが、今や彼らはもったいぶった感じでやるんですよ。[31]

まずもって、チャップリンが同時代の他の映画作品について言及することは極めて珍しいので、ビートルズという社会現象を彼なりに意識していたものと思われる。大流行のアイドル映画のギャグは、すでに自分がやっていたのだと主張するところにコメディアンとしての自負が見え隠れする。酷評に見えて、まだまだ同じ土俵のライヴァルとして見ていたのだとすれば、いかにもチャップリンらしい。

実際、『ハードデイズ・ナイト』には、リンゴ・スターを警察から助けるときのキーストン・コップスばりの追いかけっこから、記者会見の会場でサンドウィッチを取ろうとしたらトレイを上げ下げされて取れないギャグ（『冒険』でのトレイに乗ったお酒が取れないギャグに酷似）、ウィルフレッド・ブランビル演じる「ポール・マッカートニーの祖父」が、ヴォードヴィルのマジシャンに「君のお父さんを昔のエンパイア劇場で見たよ」と、『ライムライト』でカルヴェロがかけられる言葉のパロディのような台詞を言うところなど、チャップリンへのオマージュのようなシーンが並ぶ。しかも、メインの演奏シーンは、舞台時代のチャップリンが憧れた名俳優のエレン・テリーやウィリアム・ケンドールが立った舞台であるスカラ・シアターで撮影されている。

対して、ジョン・レノンによるチャップリンへの言及は、深刻な状況下でなされたものだ。ビートルズ解散後のレノンは、故国イギリスを離れて、彼が「ローマ時代のローマ」と呼んだ世界の中心地たるニューヨークで、社会の前線にコミットする音楽活動を展開した。だが、平和運動に身を投じるポップ・アイドルの影響力を恐れたアメリカ当局は、彼を国外に追放することを画策する。アーティストとしての信念を貫けば、何かと理由をつけてアメリカから追い出される。だからと言って永住権を獲得するために、歌いたいことを歌えないのは本末転倒だ。

ジョンは自分の置かれた状況のことを「まるでチャップリンのようだ」と言った。もちろん、それは、一九五二年に『ライムライト』完成させたチャップリンが、イギリスでのプレミア上映のためにニューヨーク港を出航した直後に、政府によって再入国許可証を取り消され、事実上国外追放されたことを指している。レノンは、笑いを武器に闘った喜劇王の苦難にみずからを重ね合わせたのだ。

アメリカ当局は卑劣な手段で喜劇王を追い出したわけだが、大衆は決して彼のことを忘れたことはなかった。追放から二〇年たった一九七二年に、アカデミー名誉賞を受賞するために、チャップリンはアメリカの地を踏む。それはアメリカ政府による喜劇王に対してのせめてもの謝罪だった。世論のうねりが当局を動かしたのだ。

チャップリンが授賞式で、アカデミー賞史上最長の一二分間のスタンディング・オヴェイションを受けていた時、レノンはまさに苦境の真っ只中にいた。チャップリンを追い出したエドガー・フーヴァーが、FBI長官としての彼の人生の総仕上げとして「最後に執念を燃やしたこと」が、ジョンを国外追放にすることだったのだ。[32]

レノンは、喜劇王が二〇年間アメリカで活動できなかったことを「悲しいことだった」として、「だから僕はアメリカを離れたくないんだ。六〇歳になって『イエスタデイ』で特別賞をもらうのは嫌だ」と表現し、アカデミー名誉賞が追放した芸術家への埋め合わせにはならないとアメリカ当局を痛烈に批判した。[33] アメリカの大衆は、チャップリンに続き、レノンを追い出そうとする動きに激しく反発していた。『ニューヨーク・タイムズ』は、「チャップリンへの謝罪につながる大失策の再来か」[34] と社説に書いて、フーヴァーを痛烈に非難した。

チャップリンに対しての愚を繰り返すなという世論を前にして、政府はレノン追放を断念することになる。チャップリンが喝采を浴びた二週間後の五月二日に失意のうちにフーヴァーは死んだ。その後、一九七六年六月、レノンのアメリカ永住権が正式に認められることになる。

チャップリンとレノンとの関係は、音楽を通したものではなく、間接的なものに過ぎない。しかし、偉大な先達が払った犠牲は、大衆の声を通じて当局を動かし、そのことが新時代のロック・アイコンがアクチュアルな活動の場を獲得するための後押しになったことは間違いない。

レノンがアメリカ永住権を獲得した一九七六年に、チャップリンはサイレント時代の長編で唯一まだ音楽をつけていなかった『巴里の女性』（一九二三年）のために作曲して再公開した。批評家たちは一様に、サイレント期の映像技法を駆使した斬新な演出にあらためて驚嘆した。だが、チャップリンが新たにつけたロマンティックなメロディには批判的だった。プログレやパンクの時代に、あまりに時代遅れだというのだ。――批評家には時代を超えて響く音、人々の魂へと入っていく〈音〉が聴こえていなかったようだ。チャップリンは今を生きる音楽家たちにダイレクトに影響を与え、その音楽は戦争とコロナの困難に喘ぐ最前線に希望を伝えてくれる。そして、最も先鋭的に状況に身を投じたミュージシャンの闘いの前線を拓くために、間接的にでも手助けになっていたとすれば、そういったアーティストのことを、言葉の本来の意味で、〈前衛《アヴァンギャルド》〉と呼ばずしてなんと呼ぼう？

一九七六年二月二一日、『巴里の女性』のサントラのレコーディング・スタジオに同席した映画史家のデイヴィッド・ロビンソンは、「作曲は長くかかりましたか？　大変ではなかったですか？」と喜劇王に尋ねた。八七歳にらんとしていたチャップリンは、「長くないよ、ほとんどインスピレーションだね（Not long. Inspiration mostly.）」とだけ答えた。その録音が彼の生涯最後の仕事となった。

1 『自伝　若き日々』、八一―二頁。足踏みオルガンの辻音楽師は、のちに『ライムライト』に登場する。

2 Charles Chaplin, *My Trip Abroad*(New York and London: Harper & Brothers, 1922), p.62.

3 David Robinson, "*The music hall heritage*" in Kate Guyonvarch and Mathilde Thibault-Starzyk eds., *The Sound of Charlie Chaplin*(Edition de la Martiniere, 2019), pp. 32-33.

4 *Pearson's Weekly*, 24 Sep 1921.

5 *Ibid*.

6 John McCabe, *Charlie Chaplin*(NY: Doubleday, 1978), p.41.

7 ロビンソン著、『チャップリン　上』、二五九―二六〇頁。

8 Eric James, *Making Music with Charlie Chaplin*(Scarecrow Press, 2000), p.64.

9 Charles Chaplin Jr., *My Father, Charlie Chaplin*(Random House, 1960), p.71.

10 『自伝　栄光と波瀾の日々』、四七六頁。

11 『自伝　栄光と波瀾の日々』、四七六―四八一頁。

12 筆者によるマイケル・チャップリンへのインタビューより。二〇一二年九月。

13 *The Music Trade Review*, 26 Aug 1916.

14 Chaplin Jr., p.126.

15 David Raksin, "*Life with Charlie*," *The Quarterly Journal of the Library of Congress*, Vol. 40, No. 3, Summer 1983, pp. 234-253.

16 Eric James, p.64.

17 *New York Herald Tribune*, 27 Oct 1940.

18 Thomas Pryor, "*How Chaplin Makes a Movie*," *The New York Times*, 17 Feb 1952, p.22.

19 Chaplin Jr., p.228.

20 『自伝　栄光と波瀾の日々』、四八一頁。
21 『チャップリンの日本』、一五頁。
22 『自伝　栄光と波瀾の日々』、三三三―四頁。
23 *The Musical News and Herald*, Oct 1925.
24 Jim Lochner, *The Music of Charlie Chaplin*(Jefferson: McFarland and Company, 2018), p.144
25 Timothy Brock, "*Chaplin's Music Style*" in *The Sound of Charlie Chaplin*, p.136.
26 『自伝　栄光と波瀾の日々』、三二七頁。
27 『チャップリンの日本』、一六頁。
28 チャップリンの音楽だけを演奏すると、メロディアスなイージーリスニングになる。それは確かに心地よいのだが、映像と合わせた時に持っていた批評性は失われてしまう。演奏だけで、チャップリン音楽の批評性を表現したものとして、ギドン・クレーメルによる「スマイル」の演奏を挙げておく（アルバム『ル・シネマ』所収。一九九六年録音）。一切の情感を排した絶対零度ともいうべき透徹した演奏は、チャップリンのコメディに音楽を合わせた時に立ち現れる冷たい悲劇を聴かせてくれる。
29 ロビンソン著、『チャップリン　上』、二一〇頁。
30 『自伝　若き日々』、二五〇―一頁。
31 *The Sunday Times*, 26 March 1967.
32 ジェイムズ・A・ミッチェル著、岩崎一樹訳『革命のジョン・レノン　サムタイム・イン・ニューヨーク・シティ』（共和国、二〇一五年）、一七六頁。
33 一九七四年九月二八日、WNEW-FM 放送でのデニス・エルサス司会の番組での発言。
34 *New York Times*, 11 May 1972.

第4章

チャップリンと言葉

映画のチャーリーが発する言葉

チャップリンと言葉について考え始めると、いくつかの逆説に出くわすことになる。チャップリンが出演した八〇余本の作品の中で、彼が意味のある言葉を発したのは五本のみである。言うまでもなく、彼はパントマイムを駆使して表現をしたサイレント喜劇の王様だった。

では、チャップリンは言葉と無縁だったかと言われると、むろんそうではない。トーキー時代が来ると、『独裁者』のラストの演説から『ライムライト』の名台詞のオンパレードに至るまで、映画の中で言葉を溢れさせた。

言葉を発しないパントマイムのパフォーマーと、猛然と喋り続ける俳優——彼は互いに反転させたような資質をもつ役者だったわけだが、考えてみればサイレント時代のチャーリーも無口な男というわけではなく、身体で雄弁に語っていたわけで、言語活動とは何かという根源的な問いがここにはある。コミュニケーションとは何か、あるいは言語とは何かについて思考を迫るような、多様な言語の活動を行き来する特異な身体というべきか。

前章でも触れた通り、チャップリンはトーキーの時代が来ても一〇年以上の間、サイレント映画を作り続けた。なぜ無声映画にこだわったのか。一九三一年に、『街の灯』をサイレント映画として公開すると高らかに宣言した声明文に、その理由を簡潔に述べている。

なぜ私はセリフのない映画を作り続けるのか。サイレント映画は、第一に、普遍的な表現手段だからだ。トーキー映画はおのずと限界がある。それらは特定の人種の特定の言語に限定されてしまう。(略) つまるところ、パントマイムは常に普遍的なコミュニケーションの手段であった。[1]

「パントマイムは常に普遍的なコミュニケーション手段であった」と言われて、なるほどとうなずいてしまいそうにもなるのだが、もしそうだとしたらパントマイム映画が今もスクリーンを席巻しているはずで、この説は甚だ怪しい。特定の言語によるセリフが観客の範囲を狭めてしまうのは、確かにその通りだろう。だが、パントマイムとて地域によって意味するところが異なることは多々あるわけで、「身振りすなわち普遍的な伝達手段」と言えるほど単純でもあるまい。チャップリンが世界中で愛されたのは、「パントマイムだから」ではなく、他に理由があったわけで、そのことに彼自身が気づいていなかったのではないか。

チャップリンの究極の目的は、世界中の人を笑わせることだ。そのための手段として、パントマイムにこだわった。言葉は普遍的なコミュニケーションの手段にはなり得ないのではないかと不安に思っていた。それゆえに、第3章でも述べた通り、チャップリンは、大資本が投じられた技術革新によって世の中が一気にトーキーになっても、それに流されることも飛びつくこともなく、長い時間をかけて我が物として使えるようになるまで吟味を重ねた。それは、彼が映画で発するべき言葉を見つけ出していく道のりでもあった。

音楽付きのサウンド版サイレント映画『街の灯』で、音を使ったギャグをしたたかに取り入れているのは前述した通りだ。続く『モダン・タイムス』もサウンド版として公開されたが、その終盤でチャーリーはデタラメの言葉で「ティティナ」を歌い踊り、彼は初めてスクリーンで肉声を聞かせた。

実は、当初チャップリンは本作をトーキー映画として撮影することを検討していた。チャップリン家の資料庫には、ポーレット・ゴダード演じる浮浪児との会話の台本が残っている。それは、いかにもイギリスのミュージック・ホールの寸劇で演じられそうなノンセンスなやりとりだ。

浮浪児「名前はなんていうの?」
浮浪者「僕? ああ、馬鹿げた名前だよ。きっと気に入らないよ。『X』で始まるんだ（略）……チャーリーって呼んでくれ」
浮浪児「『X』なんてどこにもないじゃない!」

他にも、刑務所長・副牧師・その妻の名前が、それぞれスタンブルグラッツ／スタンブルラッツ／グランブルスタッツなどで、大混乱するという言葉のギャグもあった。

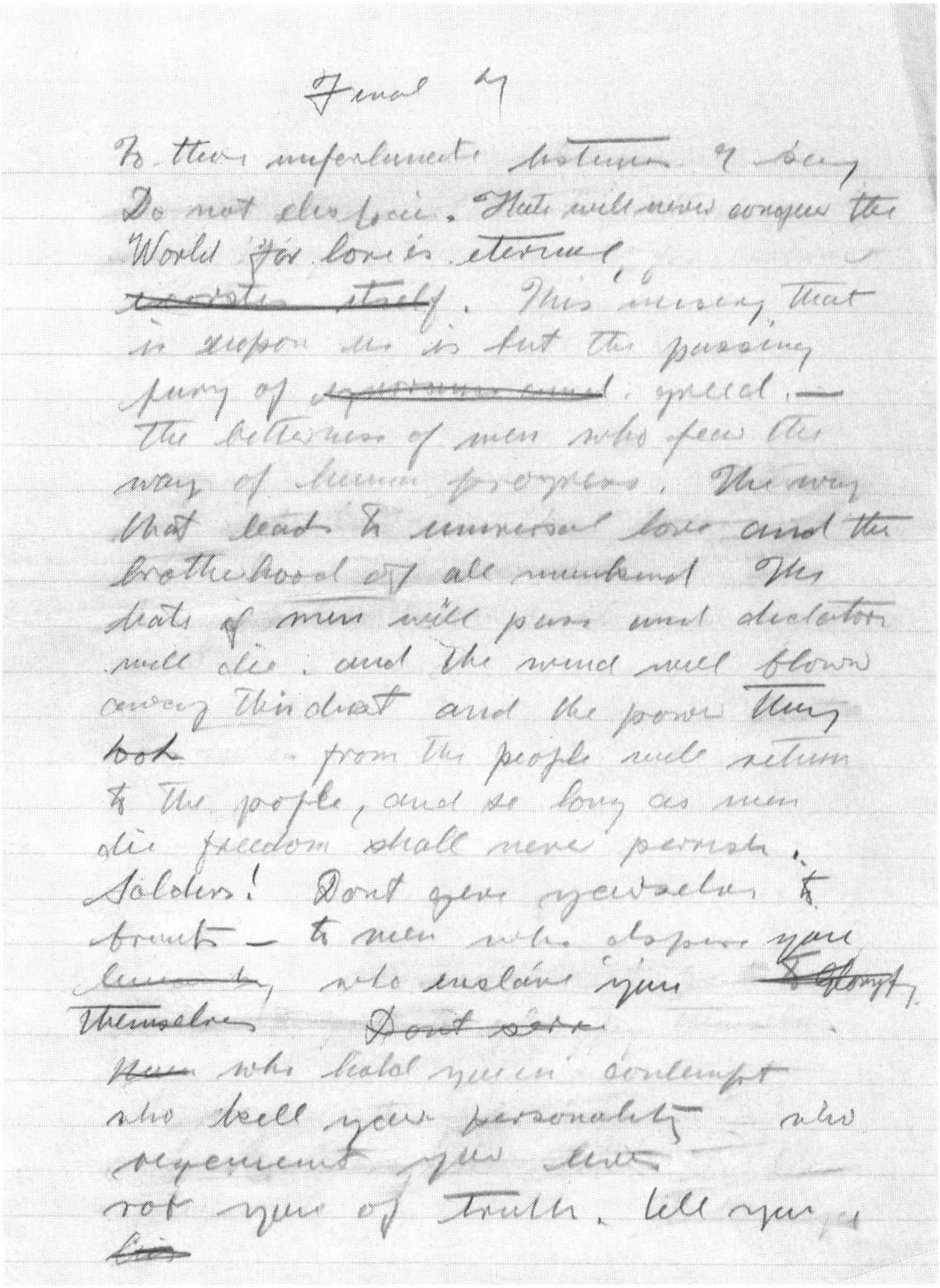
Final 4
To those unfortunates listening I say
Do not despair. Hate will never conquer the
World for love is eternal,
~~itself~~. This misery that
is upon us is but the passing
fury of greed. —
The bitterness of men who fear the
way of human progress. The way
that leads to universal love and the
brotherhood of all mankind. The
hate of men will pass and dictators
will die, and the wind will blow
away their dust and the power they
~~took~~ from the people will return
to the people, and so long as men
die freedom shall never perish.
Soldiers! Dont give yourselves to
brutes — to men who despise you
, who enslave you
~~themselves~~ ~~Dont serve~~
~~them~~ who hold you in contempt
who kill your personality — who
regiment your lives —
rob you of truth, tell you
~~lies~~

『独裁者』のラストの演説の、チャップリンによる手書き草稿。

チャップリンはこの会話の台本に基づいて撮影を開始したが、出来栄えに満足せず、チャーリーが言葉を喋るトーキー撮影は一日で中止となった。ノンセンスな言葉遊びによるギャグは全て破棄され、基本的には『街の灯』に続くサウンド版サイレント映画となった。

それでも本作ではごく部分的に、意味のある言葉のセリフが発話されている。例えば、冒頭の工場で、社長がモニター画面を通して労働者たちに「もっとスピードを上げろ」と指示をするセリフや、食事休憩時間を減らして生産性を上げるという触れ込みで「自動食事機」の売り込みにきた企業のセールス・レコードから流れる言葉などである。

社長がモニター画面で労働者を監視しているという設定は、そもそも監視カメラが市中に普及したのが二一世紀に入ってからであることを思うと、一九三六年の時点でそれを描いた先見性に驚かされるのだが、さらに重要なのはこれらの部分的トーキー・シーンで発せられる言葉が、権力者や資本家からのものに限られているという点だ。

そのことが最も鮮明に描かれるのが、工場の洗面所のシーンである。労働者チャーリーが休憩していると、社長が監視カメラでめざとく見つけ、「仕事に戻れ」とモニター画面を通して怒る。サイレントのチャーリーは何やら身振り手振りで弁明をするも、社長は大声で怒鳴るばかり。ここでのトーキーとサイレントのギャップは、権力のみが声を持ち弱者の声が聞かれることはないという社会のギャップを表す。

だとすれば、一九四〇年に公開された彼にとって初の本格トーキーである『独裁者』は、全体主義との闘いであると同時に、〈声〉を権力から民衆へと取り戻す闘いでもあったのではないか。前作でチャップリンはデタラメな歌詞で「ティティナ」を歌ったが、今度は独裁者ヒンケルとしてデタラメなドイツ語でまくし立てる。対照的に、彼が一人二役で演じたユダヤ人の床屋はほとんど喋らない。ジブリッシュの声の芸で独裁者を痛烈に風刺し、他方で放浪者チャーリーを引き継いだ床屋のパートではサイレント時代以来のパントマイムによるギャグを展開する――トーキーとサイレント、別々の映画を組み合わせたかのような構成において、権力が大きな声を持ち民衆は沈黙を強いられるという図式をよりクリアに見せる。そして、ラストシーンで床屋が大群衆を前に平和と民主主義を訴える有名な演説において、民衆は言葉を取り戻す。チャップリンが探し求めていた、〈放浪者チャーリーが発すべき言葉〉とは〈抵抗の言葉〉だった。

『独裁者』において、放浪者が言葉を獲得し、民衆は声を取り戻した――この話には後日譚がある。『独裁者』が全世界で大ヒットを記録した後、それまで多い時には飛行機に乗って一日に三～四箇所で行なっていたヒトラーによる大演説の回数は、『独裁者』公開の翌年には一年間で七回、その次の年には五回と極端に減っていく。[2] ヒトラーにとって、演説とは群衆に力強い総統のイメージを植え付け、国民を扇動しまとめ上げるための大いなる武器だった。しかし、チャップリンに笑い物にされることで、彼の最大の武器は奪われた。一九四五年三月に側近のゲッベルスは国民に向けてラジオ演説をするようヒトラーに促したが、稀代の演説家だったはずの総統は、「材料は何もない」と言って、官邸地下の防空壕に閉じこもった。[3] 笑い物にされた独裁者は言葉を奪われ、平和と民主主義を訴える言葉が世界に響き渡った。

現実のチャップリンが発する言葉

しかしながら、「これにて民衆は言葉を奪い返し、独裁者の言葉は封じられた」などと寿いでおしまいというわけにはなるまい。言葉をめぐる闘いはその後も途切れることなく激化の一途をたどるだろう。

映画の中で言葉を獲得したチャップリンは、堰を切ったように喋り出す。一九四二年にはサイレント時代の傑作『黄金狂時代』に、みずからナレーションを吹き込んで再公開し大ヒット。一九四七年に公開の『殺人狂時代』では、饒舌に女性を口説き、次々と手にかけて財産を手に入れる主人公「ヴェルドゥ氏」を演じた。それまで四半世紀以上演じ続けてきたちょび髭の放浪紳士――言葉を発することなく、女性に劣等感を抱き恋愛も成就しない存在――と正反対のキャラクターとも言えるヴェルドゥは、裁判所における尋問で、何か言いたいことはあるかと問われ、「大量殺人については、世界が奨励しているではありませんか？　大量殺人だけを目的として破壊の兵器を作っていませんか？　罪もない女性や子供たちを粉々に吹き飛ばしませんでしたか？　しかも、とても科学的に。それに比べたら、大量殺人者としては、私はアマチュアです」とここでも演説をする。その後、死刑の時を待つ独房では訪れた面会者に、「一人殺せば犯罪者になり、百万人なら英雄です。数が神聖化するのです」と有名なセリフを吐く。

その次の『ライムライト』でも、足が動かなくなり自殺を図ったバレリーナのテリーを励ますために、「恐れさえしなければ、人生は素晴らしいものだ。必要なのは勇気と想像力……それにお金も

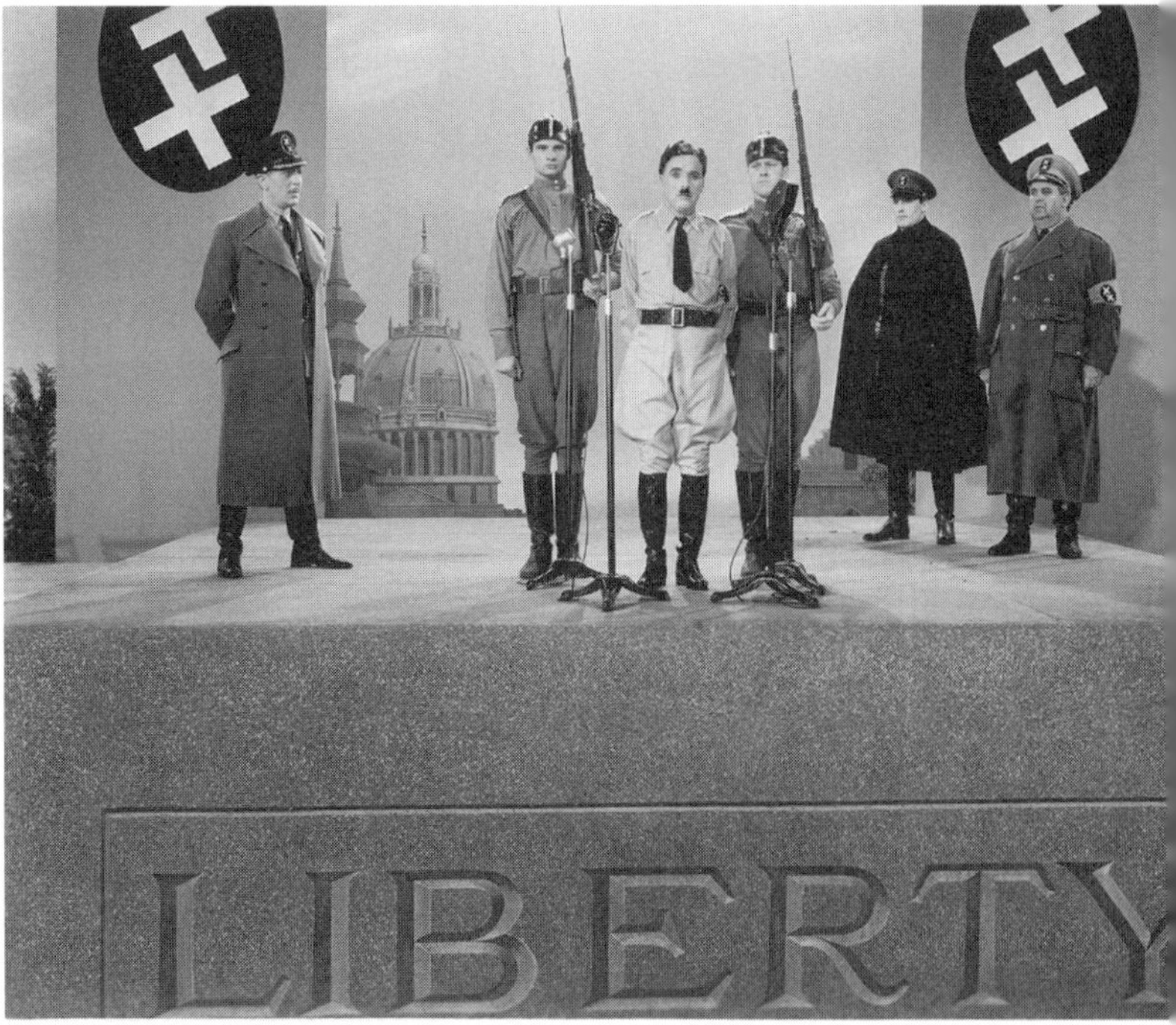

『独裁者』　ラストの床屋の演説。

少々」や「死ぬことと同じように避けられないことが一つある。それは生きることだ！」などと人生訓を滔々と披露する。

スイスに移ってからの最後の主演作『ニューヨークの王様』に至っては、広告業界の女性アン・ケイにそそのかされて出席してしまったパーティーで、チャップリン演じるシャドフ国王は、隠し撮りされてテレビで放送されているとも知らずに、シェイクスピアの『ハムレット』の独白を朗々と演じる。

サイレントの王様だったチャップリンが、これほどまでの演説好きになったことにいささか面食らうほどだが、サイレント期のパントマイムでの饒舌さを思えば、使えるようになったコミュニケーションの手段が増えたというべきか。実のところ、言葉を「使えるようになった」とは単なる比喩にとどまらない。もともとロンドンの下町の生まれで普段は強いコックニー訛りで話していたチャップリンは、訓練の末に（映画史家のデイヴィッド・ロビンソンは、親交のあったイギリスの名女優コンスタンス・コリアに教わったと推測している）イギリス標準発音を身につけて、この頃は文字通り「言葉」を使えるようになっていた。

さて、映画の中で演説を始めたチャップリンが、一九四〇年代の初めに映画の外においても多くの演説を請われて熱心に行ない、しばらくしてぱたりと止めてしまったことはあまり知られていない。そして、それは彼の後半生に大きな影響を及ぼすことになる。

ことの始まりは、一九四二年五月一八日に、サン・フランシスコでのロシア戦線救済アメリカ委員会の集会で講演を頼まれたことだった。幼少から舞台生活が長かったチャップリンは、（数少なかったとしても）舞台で失敗をした時の記憶から大勢の観客の前で喋ることに恐怖を感じていた。しかし、この時は講演の前日に病気になったデイヴィス大使の代わりに急遽頼まれたこともあり、引き受けることにした。

第二次世界大戦が始まって以降、アメリカとソヴィエト連邦は同盟国だったのだが、すでに多くのアメリカ人が反共主義に染まりつつあり、同盟国ソヴィエトの東部戦線における死者の増大を喜ぶ風潮があった。そのことに心を痛めていたチャップリンは、戦場でナチスを相手に戦っている兵士たちを分け隔てなく支援したい気持ちを持っていた。

そんな気持ちで、チャップリンは集会に集まった一万人を前にして、「同志諸君！」と呼びかけた。観衆は、共産主義者がよく用いる「同志諸君」という言葉をチャップリンがいきなり使ったことに度肝を抜かれた。チャップリンは、「私は共産主義者ではありません。私は人間であり、人間の反応というものを知っているつもりです」と言い、共産主義者であろうが誰であろうが、仲間を助けようと呼びかけた。共産主義のシンパと思われないように当たり障りのない発言をしていたほかの弁士とは違う、チャップリンのあまりに率直な物言いは、仲間たちも心配するほどだった。

チャップリンは意に介さず、この日を境に群衆の前で演説をするのが好きになった。根っからの理想主義のあらわれか、それとも群衆の喝采が好きなのか、おそらくはその両方であろう。彼は様々な集会に呼ばれては演説を行い、その準備に何日もかけるほど情熱を傾けた。一九四二年一〇月一六日にカーネギー・ホールで行なわれた「戦勝のための芸術家戦線」では、チャップリンは「私は市民権の紙切れなど必要とはしない。その意味で、私はどんな国家に対しても愛国心を持ったことはない。なぜなら私は人類全体への愛国心を持つからです。私は世界市民です」と演説。一一月二五日にはシカゴで、一二月三日にはニューヨークで演説をした後、一九四二年一二月一六日のラジオ番組「*America Looks Abroad*」に出演し、「自分は共産主義者でもなければ、何者でもない」としつつ、どのような思想の持ち主でも排除するべきではないと説いた。

ところが、その後一九四三年三月七日に、故国イギリス向けのラジオとソ連へのメッセージを録音したことを境に、やはり芸術家の気まぐれか、ぱたりと演説活動をやめてしまった。

チャップリンの「演説熱」は、突如始まり夢中になって真剣に取り組んだ後、わずか一〇ヶ月で冷めるのだが、それは短い期間ながらアメリカ政府を刺激するには十分だった。

すでに一九二二年よりBOI（三五年にFBIと改称）はチャップリンについてのファイルを作り、調査を続けていた。大衆の間に絶大な人気を誇る平和論者チャップリンは、当局にとっては厄介な存在だったのだ。戦後もFBIはなんとかチャップリンを追い落とそうと、不適切な女性関係や脱税がないか、あるいは共産党に寄付をしていないかなどを徹底的に調べていたが、何一つネタになりそうなものは見つからなかった。

そんな折、FBIはその頃チャップリンにつきまとっていたジョーン・バリーという女性を使うことを思いつく。

一九四二年当時、チャップリンは、アイルランドの戯曲『影と実体』の映画化を企画しており、主演女優としてバリーと契約した。バリーはチャップリンに好意を抱くようになり、当初は困惑したチャップリンも、バリーに演技の才能があると思い、二人は一時期親密になった。その後、チャップリンが、精神的に不安定な面を見せるようになったバリーと距離を置くようになると、彼女はチャップリン邸に忍び込んではピストルで脅して復縁を迫るといったストーカー行為を繰り返した。チャップリンは、彼女に故郷に戻るための交通費を払って関係を精算した。

だが、最後の面会（と言っても、一九四二年一二月二三日にバリーが窓ガラスを割ってチャップリン邸に押し入った時のことだが）から半年経った一九四三年六月四日、バリーは突如チャップリンの子供を身ごもったと主張し始める。その後、彼女はFBIの筋書きに従い認知裁判を起こし、血液検査でチャップリンと「子供」との間に血縁関係はないという結果が出たにも関わらず、当時血液検査を証拠として採用しなかった州で起こした民事裁判では当局の巧妙な策略でチャップリンが敗訴した。もとより裁判の結果はどうでも良かった。「か弱い女性が子供の認知裁判を起こした」という話さえあれば、マスコミを使って「チャップリンは共産主義者で女性の敵だ」とバッシングをすることは容易いことだった。第二次大戦中から、すでに冷戦は始まっていたのだ。

バリー事件をきっかけとしたネガティブ・キャンペーンで、アメリカ国内でのチャップリン人気は地に落ちた。

一九四七年四月一一日に『殺人狂時代』が公開されると、右翼団体は劇場の前に立ち上映妨害を行なった。前作の『独裁者』が、アメリカ国内だけで五〇〇万ドルの売り上げを記録したのに対して、激しい妨害に見舞われた『殺人狂時代』の売り上げは、わずか三二万五〇〇〇ドルにとどまり、公開当時アメリカ国内において損失を出した唯一のチャップリン作品となった。

『殺人狂時代』公開直後の六月一二日、議会でチャップリンについて白熱した論戦が繰り広げられた。ジョン・T・ランキン議員は、次のように発言した。

彼はアメリカの市民になることを拒否し続けております。彼がハリウッドにいること自体が、アメリカの体制には有害なのです。国外追放処分にすることで、彼をアメリカの映画界から遠ざけることができ、彼のおぞましい映画をアメリカの若者の目の前から遠ざけることができます。今すぐ彼を国外追放処分にして追放すべきであります。

非米活動委員会がチャップリンを召喚する予定であるという報道に対して、チャップリンは、「私は共産主義者ではありません。平和の煽動者です」[4]とユーモアたっぷりに声明を出す。一九四七年九月には非米活動委員会の公聴会に召喚されたが、チャップリンは「放浪紳士チャーリー」の扮装で出廷すると応じた。公聴会はテレビ中継されるのだが、もしちょび髭の放浪紳士が登場すると完全にチャップリンのショーになってしまう。そのことを非米活動委員会は恐れたため、結局、尋問は行われなかった。次々と無実の人たちが槍玉に挙げられていた非米活動委員会だったが、やはりチャーリーのイメージには敵わないと思ったわけだ。

一九五二年に『ライムライト』製作後、ロンドンでのプレミア上映のために、ニューヨーク港からクイーン・エリザベス号に乗船した。その直後、アメリカ政府はチャップリンの再入国許可を取り消す。姑息な手段で事実上の国外追放処分としたことに、世界中から非難が殺到した。対して、マグラネリー司法長官は、チャップリンの再入国を許可しない明確な理由があるが、それを明らかにすると敵側の助けとなるので明らかにはしないと述べた。むろん、もとよりそんな理由などあるはずもなかった。

こうして、アメリカ政府はチャップリンから言葉を奪い取ることに成功した。ただし、彼らは自分たちの行ないを正当化できる言葉を持ってはいなかった。

受け継がれる〈抵抗の言葉〉

以降、アメリカ以外の世界中でチャップリンの名声は高まるばかりだったが、アメリカ国内の映画館では彼の作品は上映されなくなった。先に触れた通り、彼の音楽はスタンダード・ナンバーとしてヒットし、また初期の短編がテレビで放送され始めたことで子供たちのあいだでは人気が復活していたものの、冷戦期のアメリカでチャップリンの言葉が聞かれることは無くなってしまった。

他方で、この時期、右派の誹謗中傷に抗ってチャップリンを再評価する動きもあった。セオドア・ハフによるアメリカで初の本格的なチャップリン伝記が書かれたのもこの頃だ。そんな中、チャップリンの〈抵抗の言葉〉を引き継いで、次代に伝えた人物として、ジェイムズ・エイジーの名を挙げなくてはならない。

チャップリンの追放から遡ること五年、一九四七年四月一二日のこと。この日、前日に公開されたばかりの『殺人狂時代』の記者会見がニューヨークのゴッサム・ホテルで開催された。記者たちは作品のことはそっちのけで、最初からチャップリンを攻撃するつもりでいた。のっけから「あなたはアメリカの映画をソヴィエト連邦に運ぶ映画連合に加わっているという噂は本当か？」などと根も葉もないことについて質問が飛び、「共産党のシンパなのか？」「愛国心はあるのか」とたたみかけた。チャップリンが「私は政治信条などというものは何も持っておりません。これまでの人生で政党に属したことは一度もありません」と答えても、記者たちは満足しなかった。

とりわけ急進的だったのはカトリック系在郷軍人新聞の記者で、彼は、チャップリンがみずからを

「人類全体の愛国者です。世界市民です」と言ったことに猛反撥し、「私が異議を唱えているのは、この国であれ他のどこの国であれ、愛国的感情を持っておられないあなたの異常な見解に対してです」「この国の居住者として、我々の金を懐に入れているあなたは、もっと国のために尽くしてしかるべきだ」とまくしたてた。もはや作品の記者会見でもなんでもなく、一人の人間を吊し上げる場になっていた。

その時、右派ジャーナリズムの論理一貫性のない質問の一つ一つに真摯に答えを返すチャップリンの姿を見て、義憤にかられた一人の男が立ち上がった。その言葉は質問というよりは、これまで多くの人に楽しみを与えてきた喜劇人をよってたかって痛めつけるマスコミへの怒りの表明だった。

この国のこれほど多くの人々が、一人の人間の市民権についてとやかく言い、その人物の日々の仕事について口を挟み、彼がアメリカの市民にならないことを――彼の政治的考えを、また、自分たちが考えるようなやり方で軍隊の慰問をしなかったことを、みんなして精神的に脅迫するとはどういうことなのでしょう。そういう人々が良く思われている国――そのことを私たちはどう思うべきなのでしょう[6]？

震える声で、なんとか最後まで質問をし終えることができたこの男――のちにジョン・ヒューストン監督、ハンフリー・ボガート主演の『アフリカの女王』（一九五一年）でアカデミー脚本賞にノミネートされた脚本家であり、作家・詩人、なにより当時最も影響力のあった映画批評家であるジェイムズ・エイジーは、その後世論に抗ってチャップリンを擁護する論陣を張ることになる。

彼はまず五月五日付の「タイム」誌に、「もし『殺人狂時代』が他に何も素晴らしい点がなかったとしても――実際は多くの素晴らしい点があるのだが――この映画は、このような行為が稀であるような時代において勇気を持ってなされた、一人の個人の大胆な意思表示なのだ」と冷戦時代に何の忖度もなく言いたいことを言ってのけたチャップリンを激賞した。

その記事を皮切りに六月にかけて、今度は「ネイション」誌に、『殺人狂時代』とチャップリンを詳細に分析し熱烈に評価する三つの批評文を発表した。ちょび髭の放浪紳士は無垢な勇敢さ、愛への渇望、おかしさと悲しみを持つ自由な魂で、それゆえに観客に近い存在だったのに対して、『殺人狂時代』のヴェルドゥ氏はより観客に近くてよりダークな存在であり、それゆえに観客は自分たちの中にいるヴェルドゥ氏の存在を認めることに耐えられないのだ、というエイジーの指摘は鋭い。

実はエイジーは、チャップリンへの思いが高じて、彼を主演に想定した脚本を執筆して、『殺人狂時代』公開直前にチャップリンに送って映画化の提案をしていた。チャップリンはもちろん丁重に断ったのだが、興味を持って読んだだろうと推測される。というのも、その未発表の九四ページの脚本 *"The Tramp in the New World"*（新しい世界の放浪者）" は、今もチャップリン・アーカイヴに保管されているからだ。

脚本は、核戦争後にちょび髭の放浪者チャーリーがたった一人生き残った場面から始まる。廃墟となったニューヨークをあてどなくさまようチャーリー。と、その時、同じく孤独にさまよう少女と出会う。生き残ったのは彼だけではなかったのだ。やがて、小さな子供も仲間になって、「新しい世界」

でただ一つの「家族」となって生活を始める。

そんな新生活は、しかし、別の生き残った男が現れたことで崩壊してしまう。さらには、核爆弾を作った「科学者たち」とそれに反対する「人道主義者たち」も登場し、人間のあり方をめぐって闘争が始まる。「科学者たち」は、労働の苦しみを小さくする機器を発明し、人々を統率していく。もはや「新世界」に居場所がなくなったチャーリーが、夕暮れの道を一人でどこまでも歩いていくところで、エンドマークが出る。

孤独な少女と出会うという設定は、『モダン・タイムス』のポーレット・ゴダードを、子供と暮らし始めるシーンは『キッド』のジャッキー・クーガンを彷彿とさせる。ラストの一本道をどこまでも歩いていく背中は、お馴染みのチャーリーだ。エイジーは、彼の愛する放浪者のイメージを脚本に詰め込んだ。

このシナリオで興味深いのは、チャーリーの設定を、核戦争の後に生き延びるたった一人の人間としているところだ。サイレント映画時代に、たった一人で大衆／弱者を象徴していたチャーリーのイメージが、終末の後も生きる普遍的な人物として蘇る。そして、破壊と殺戮を経てもなお新たな対立を繰り返す「新世界」から、一人で去っていくチャーリーの背中に、ヒューマニズムのあるべき姿を映す。エイジーにとってのチャーリーとは、冷戦の狂気、核戦争の恐怖の中で、ただ一人だけ人類の希望を託すことができる存在だったのだ。

その後もエイジーは、チャップリンの擁護を続けた。一九四九年九月三日付の「ライフ」誌に、彼は「喜劇の最も偉大な時代」を寄稿し、チャップリン、バスター・キートン、ハロルド・ロイド、ハリー・ラングトンを「四人の最も卓越した名匠」と讃えた。映画監督のマーティン・スコセッシによると『ライフ』誌の歴史で最も反響を呼んだ記事」であるこのエッセイは、当時忘れられた存在になっていたキートンの再評価のきっかけになったものでもある。
この中で、エイジーはとりわけチャップリンを別格に位置づけ、それは巨大すぎて比較しようのない存在であり、「他の三名を評価するための基準」であるとする。

全てのコメディアンの中で、チャップリンは、人間とは何であるのか、そして人間は何に直面しているのかを認識し、そのことを最も深く正確に作品にした。放浪者は、ハムレットと同じぐらい、人間を最もよく表していて、多面的で、ミステリアスだ。そして、どんなダンサーや俳優でも、その動きの雄弁さ、多様さ、鋭敏さを超えることはできないだろう。（略）最上のパントマイム、最も深い感情、豊かで鋭敏な詩が、チャップリンの作品の中にはある。

放浪紳士チャーリーの身体表現を詩に喩えたのは、彼が初めてではないが、チャップリンが最も非難されていたこの時期に、改めて彼を詩人と再定義したことは注目に値する。そして、それは一九五二年にチャップリンが追放された後、アメリカの若き詩人たちの拠り所となるのだ。

シティ・ライツ・ブックストア

　さて、その後のアメリカでチャップリンはどのような扱いを受けたのだろうか？　追放後もバッシングが止むことはなかったが、一九六〇年代半ばになるとヴェトナム戦争の泥沼化で国内にも厭戦気分が広まり、マッカーシズムの狂気を反省する世論の中、チャップリン再評価の機運が高まった。かくして、一九七二年に、喜劇王への謝罪の念を込めてアカデミー名誉賞が贈られ、彼は二〇年ぶりにアメリカの地を踏んだ——と、追放後のチャップリンについては、このような流れで語られるのが常だった。

　しかし、研究家のリサ・スタイン・ヘイヴンは、チャップリンがアメリカを追放されていた一九五二年から七二年の間に、彼から大きな影響を受けたグループによって、独自の創造活動が展開されていたことを明らかにした。

　そのグループ——すなわち、誰もが戦勝に酔いしれる中、既成の価値観に否定を叩きつけたビート詩人たちは、喜劇王の言葉が聞かれなくなったアメリカで、彼の魂を受け継ぎ新しい言葉を紡いだ。大衆娯楽の王道を行くチャップリンと先鋭的なカウンターカルチャーの担い手たるビート詩人とでは、イメージが違いすぎてこれまで両者を結びつけて論じられることはなかったが、ここではその知られざる影響関係についてスタイン・ヘイヴンの議論を参照しながら見ていくことにしよう。[7]

　時流に抗ってチャップリンを擁護したエイジー。彼が蒔いた種は、西海岸で小さな芽を出した。

一九五二年、ポップ・カルチャーの批評家ピーター・D・マーティンは、サンフランシスコで「シティ・ライツ・マガジン」を創刊する。この雑誌はその後三年間、五号を発行しただけで幕を下ろすことになるのだが、エイジーが始めたチャップリン擁護の言説を、次代へとつなぐ役割を果たすことになる。

もちろん、雑誌名は『街の灯』から取られたわけだが、そこに込めた想いを、マーティンは一九五二年一〇月に出た「シティ・ライツ」二号に次のように書きつけた。「私たちが去年の春にこの雑誌を始めた時、映画への私たちの関心を表現し、同時にアメリカ都市文化の生き生きとした強さや価値を信じる、そんな思いを伝えるような雑誌名が欲しかったのです。チャーリー・チャップリンの偉大な映画である『街の灯』のような名前を思いました」。

イタリアの建築家カルロ・トレスカの非嫡出子として生まれ、またその父を第二次大戦中にまだ十代だった頃に亡くしたマーティン。多感な時期にひとり社会に放り出されてしまった彼は、伯母のエリザベス・ガーリー・フリン――一九〇七年以降世界産業労働組合（IWW）で多くのストライキを指導した活動家であり、アメリカにおけるフェミニストのパイオニア的な存在でもあった――の影響もあり、社会問題に目覚めていく。

スタイン・ヘイヴンは、マーティンこそ、冷戦期にチャップリンを擁護したエイジーを受け継ぎ、チャップリンをめぐる政治の問題に焦点をあてることで放浪者のキャラクターに政治性を持ち込んで論じた最初の人物だとしている[8]。そんなマーティンの考えは、チャップリンが事実上国外追放された直後に出た「シティ・ライツ・マガジン」の第二号ではっきりと表明される。マーティンは、彼が

「チャップリン事件」と呼ぶ国外追放をめぐって、「特に不安にさせる」三つのことがらについて怒りを込めて次のように書いた。

まず、マスコミの大半が書き立てた、意地の悪い敵意だ。彼らは、アメリカの映画産業に位置をしめるチャップリンの、孤独で独特な役に対する奇妙な憎しみをあらわにした。次に、たとえ四〇年以上もこの国に住んで働き、アメリカ映画を世界の遠く離れた隅々に届けてきた業績があったとしても、法的に帰化することなしには人はアメリカ人にはなれないのだ、という狂信的愛国主義や反歴史的な考え。最後に、「真に世界的に有名になった最初の人物」である、一人の偉大な世界的芸術家を、この国は受け入れることができないのだ、と暗に言ってしまっていることだ。

マーティンは明らかにチャップリンその人の思想を擁護しているのだが、文中の「孤独で独特な役」とは映画の中のキャラクター「チャーリー」のことである。一般の映画ファンだけでなくインテリ層も、本人と放浪紳士のキャラクターとを同一視していたことがうかがえて興味深い。

さて、「シティ・ライツ・マガジン」は新たな展開を生む。ある時マーティンは、雑誌の寄稿者でもあった詩人のローレンス・ファーリンゲッティとサンフランシスコの通りでばったり会った時に、自分たちの書店を作るという夢を語り合う。こうして、二人の共同経営による書店、のちにビート詩人たちの拠点となる「シティ・ライツ・ブックストア」は、一九五三年六月一二日に開店した。

だが、勢いよく店を始めてしまったものの、二人の考えの違い——特にビート詩人の代表者のアレン・ギンズバーグの『吠える』を高く評価したファーリンゲッティに対して、マーティンは冷淡だった――もあり、二年後にマーティンはニューヨークに別の書店を持ち、その後はファーリンゲッティが一人で運営することになる。

生まれて六ヶ月で父を失い、その後母は精神に異常をきたす――生い立ちこそチャップリンの少年期に似通っていたファーリンゲッティだったが、その後は伯母の財産のおかげでフランスとアメリカで高度な教育を受け、文学を志した。青年期に第二次世界大戦に従軍した彼は、原子爆弾で廃墟となった長崎に派遣され、その惨状を目の当たりにしたことで徹底的な反戦主義者となる。

その後、カリフォルニアに落ち着いて詩作に励むわけだが、プルーストの研究によってソルボンヌ大学で博士号を取得した彼は、アメリカのビート詩人とは一線を画すボヘミアン詩人と言った方が良い。

そんな彼は、「シティ・ライツ・ブックストア」を経営しながら、一九五六年に詩 "*Constantly Risking Absurdity*" を発表した。そこでは、美を追求する詩人（すなわち彼自身）を、『サーカス』で空中ブランコの少女の気を引くために命懸けで綱渡りに挑戦する放浪者チャーリーに喩えている。

美が立ち上がり、そして待つ
　重力でもって
　　その、死をものともしない飛翔を始める場所で
そして彼

小さなチャーリーチャップリン男
　　摑むかもしれないし摑めないかもしれない
存在が、からっぽの空に
　　　翼を広げた
美の永遠の形を

ファーリンゲッティは、みずから詩を詠むだけではなく、「シティ・ライツ・ジャーナル」（のちの「シティ・ライツ・アンソロジー」）を発刊し、大手出版社からは出せないビート詩人たちの作品を次々と掲載し出版した。パリでシルヴィア・ビーチが「シェイクスピア・アンド・カンパニー・ブックストア」においてモダニスト詩人を支援したのと同じように、「シティ・ライツ・ブックストア」はビート詩人たちの砦となる。それにしても、二〇世紀を代表する二つの言葉の流れの根城となった書店が、それぞれに英国人の名前を冠しているのは興味深い。その事実は、彼らが偉大な劇作家であり喜劇王である以前に、まず詩人であったことを意味している。実際、ファーリンゲッティにとって、チャップリンとは詩人の定義そのものだった。

チャップリンのキャラクターは、私にとっては、まさに詩人の定義そのものを表しています。（略）詩人とは、定義上、国家の敵であるべきなのです。[10]

アメリカ当局によって消されたはずの、小さな放浪者の抵抗の言葉は、こうして新世代のビート詩人へと受け継がれていった。

チャップリンとビート詩人

ところで、「ビートとは何か」と問われると、戦後のアメリカにおいて、既存の価値観に異を唱え、西洋の前衛と東洋の精神世界とに影響を受けつつ、オープンな性愛とドラッグによる創造行為を実践し、反戦を叫び、権威に反抗して人間のむき出しの魂を探究した者たち、といったところになるだろう。ヨーロッパのモダニズムやシュルレアリスムから、アメリカの古典文学にジャズ、ホーボー文化、東洋哲学に至るまで、いわば不特定多数のカルチャーたちのフリーセックスの結果産み落とされて、「路上」に捨てられた反抗的な孤児のようなものか。「おれたちは至福（ビアティチュード）の世代なんだ」とのケルアックの言葉の通り、[11] それは日常的なビートではなく精神的なビート、「自分で殴り（ビート）新しい道を開く」（鈴木大拙）ものだ。

ビート詩人は「そもそも詩とは何か」という根源的な問いを提起した。原成吉は、エズラ・パウンドの言葉を引用して、「詩がかかえる問題は、それがソングから離れてしまったことにある。ソングについていえば、ダンスから離れてしまったことだ。これは歴史的にみて間違いだった」と説く。詩の韻律のはじまりは、古代ギリシア劇でコロスが歌い踊るときの足のステップだった。その後、詩は足のステップから離れ、歌を失い、さらには印刷されて書斎で黙読するものになって声を失くす。いつしか詩から身体性が剝ぎとられてしまったのだ。しかし、詩の本来の姿を取り戻すべく、モダニストの詩人たちは日常の言葉で実験的な詩を書き、ビート詩人はポエトリー・リーディングを開催してステージで声を出すことでいくぶんか身体性を回復させた。[12]

このように身体性と反抗の精神を重要視するビート詩人たちが、類まれな身体と抵抗の言葉を持つ放浪者チャーリーに惹かれるのは必然だった。こうして、チャップリンが迫害され追放された一九四〇年代末から一九五〇年代半ばにかけて、チャップリンの言葉が聞かれなくなったアメリカで、入れ替わるようにビート詩人が言葉を発し始める。

あるいは、もっと遡れば、一九世紀後半に産業革命の進展とともに失われつつあった自由なフロンティア精神を体現すべく気の向くままに放浪したホーボーたちが、アメリカが世界の覇者となった一九二〇年代には消えてしまい、代わってイギリス出身の放浪者たるチャーリーがアメリカを放浪し始めたわけで、そのことを考え合わせると、面々と続く放浪者の系譜の末裔にビート詩人が連なっているとも言える。

もちろん、ビート詩人たちはその詩作の中で、チャップリン以外に他のコメディアンも多く参照している。ジャック・ケルアックは実験小説「ヴィジョンズ・オヴ・コーディ」の中で、喜劇トリオである「三ばか大将」に触れているし、そのケルアックやアレン・ギンズバーグの詩にはサイレント期の喜劇人W・C・フィールズがたびたび登場する。

しかし、他のコメディアンへの言及とは、量的にも質的にもまったく異なった次元でビート詩人たちはチャップリンの名を挙げ、しばしば作品の主題とした。ビート詩人たちは、彼らの「政治的理想と、ビート的ライフスタイルにおける信念とにぴったり合っていた、アナーキストであり非順応者の象徴」であるチャップリンに対して、「特別な親近感」を持っていたのだ。[13]

ビート詩人たちの中で、チャップリンに関する詩を最も早く世に出したのは、ボブ・カウフマンだった。

一九五八年に「サンフランシスコ・クロニクル」紙の名物記者ハーブ・カーンが、ビート詩人やその生き方に影響を受けた若者たちと一九五七年にソ連が世界で初めて打ち上げに成功した人工衛星であるスプートニクとをかけて、「ビートニク」なる言葉を造った時、彼の頭の中にはこのアフリカ系のビート詩人のことがあった。

フランスでは「アメリカのランボー」との異名をとったカウフマンは、ビートニクという言葉が世間の話題になった一年後の一九五九年に、「チャーリー・チャップリンの迫害から一四年を記念して捧げる愛国の詩」を詠んだ。すなわち彼の考えでは、チャップリンの迫害は一九四五年から始まっていたことになり、「民主主義が全体主義に勝利した」その年からアメリカは真に自由なアーティストへの弾圧を始めたという指摘は痛烈だ。

作品の中で、当局はチャップリンに「指紋も取ってある」「俺たちに金を返してカウボーイとしてやり直せ」と罵声を浴びせ、アメリカ政府が行なった弾圧が戯画的に描かれる。「迫害を記念する」という皮肉なタイトルからして、チャップリン映画の悲喜劇に通じる困難を笑い飛ばす風刺がある。

こうして、エイジー／ファーリンゲッティと続いてきた「チャップリンと政治」のテーマがビート詩人に受け継がれた。

『オン・ザ・ロード（路上）』で名高いジャック・ケルアックは、印刷業を営んでいた父が映画館にポスターやプログラムを納めていたことで、小さい頃からたくさんの映画を見ていた。[14] 彼の作品にもチャップリンが繰り返し登場する。

『オン・ザ・ロード』の主人公のモデルでもあるニール・キャサディとの対話の録音を切り貼りして作成した実験的な作品『ヴィジョンズ・オヴ・コーディ』で、作中でのケルアックの分身が見る夢の中に、初期作のチャップリンと思しき人物が登場し、壁に向かって小便をする。チャップリンの映画の中で、壁に向かって立小便をするシーンは一度も出てこないが、詩人は規範へのささやかな抵抗をチャップリンの架空の演技に託した。

一九五五年に、ケルアックはメキシコシティを訪れ、三週間の滞在中に『メキシコシティ・ブルース』を書き上げた。「日曜の午後のジャム・セッションで／蜿々とブルースを吹きまくる／ジャズ詩人」[15] として詠んだ二四二のコーラスからなる詩集は一九五九年に出版された。生前に世に出た唯一の詩集だ。

その「コーラス19」に、一見脈略なくチャップリンが登場する。「19」はケルアックにとって忘れ難い年号——早世した兄ジェラールが洗礼を受けた一九一九年を思い出させた。難病に冒されながらも微笑を絶やさず、幼い自分に絵を描くことと想像することを教えてくれた兄。彼を偶像視していたケルアックは、[16]「あの灰色の雨の年／一九一九年」とうたって兄に思いを馳せる。続いて、「その年チャップリンはスパッツを履き／デンプシーは／線路際でウイスキーを飲まなかった」とその年の出来事が並べられる。一九一九年はジャック・デンプシーが初めてヘヴィー級チャンピオンになった年で、無名時代に各地の酒場をまわっては喧嘩比べで金を稼いでいた彼が、チャンピオンになった時には禁酒法で酒も飲めなかったことを指している。対して、「チャップリンはスパッツを履き」とは、その年に公開された『サニーサイド』で、農場でこき使われているチャーリーが、思いを寄せるエドナの気を引くために、お金持ちの青年の服装をまねるシーンのことだ。酒場荒らしのボクサーはチャンピオンになっても酒を飲めず、社会の底辺に生きる者は紳士の身なりをまねても恋は実らない――そんな哀しみ漂う皮肉を思い出しつつ、「母が天国で兄さんに会った／すべてはうまく運ぶだろうという／予言を残して去った」と続けて、二人の大切な人の「予言」を生き残った詩人が噛み締める。洗礼という聖なる日と他愛ない日常、死んだ人の予言と生き残ったもののブルース、そんな聖俗の対比が下層階級出身の聖人であるデンプシーとチャップリンのイメージと響き合う。それにしても、ケルアックは、チャップリンがスパッツを履くという、後にも先にもない衣装の細部をのちのちまで覚えていたほどのファンだったわけだ。

「コーラス52」では、他のビート詩人と同じように、政治との関係でチャップリンが言及される。最初の連で、「俺はどこにいてもクレイジーだ／香港と中国の間の／フェリーに三年間／乗っている男みたいに」と、世の中から爪弾きにされている己を、香港滞在許可を持っているにもかかわらず、冷戦期のイギリスの政策のせいで香港への上陸が認められない中国人に喩えている。

続いて、詩人は自身をチャップリンと重ねる。「俺はどこにいてもクレイジーだ／チャーリー・チャップリンのように／下劣な道徳に踊り／青髭の殺人鬼を演じて」。「青髭の殺人鬼」とは、言うまでもなく『殺人狂時代』の主人公ヴェルドゥのことだ。西側の政策で入国を拒否された市民と、「一人殺せば犯罪だが」と反戦の考えを表明したことで迫害されたチャップリンとを対比させ、個人の尊厳が犠牲にされる冷戦の実相を告発し、そこに己のクレイジーさを重ね合わせる。やはり、ここでもチャップリンと政治が主要なモチーフになっている。

そのケルアックとともにビート詩人の代表格の一人と見なされるアレン・ギンズバーグも、チャップリンへ多くのオマージュを捧げている。

実は、彼はデビュー作をチャップリン的な狂気に憑かれて書き始めていた。自身の代表作『吠える』の有名な冒頭の一行「ぼくは見た　ぼくの世代の最良の精神たちが　狂気に破壊されたのを　飢えてヒステリーで裸で、[17]」を書いた時のことを次のように回想している。

冒頭のセクション全体はある日の午後に狂気のようにタイプされたのでした、荒い言い回しの悲劇的なカスタードパイ喜劇、チャーリー・チャップリンの歩き方のようなぎこちない組み合わせを生みながら走っている精神の抽象的な詩の美しさのための無意味なイメージ、ケルアックならそこから音が聴こえるだろう長いサクソフォンみたいなコーラスライン——自身の散文から本当に新しい詩を取り出して、[18]

代表作の冒頭の書き出した時の心象に、「チャップリンの歩き方のようなぎこちない組み合わせ」

が現れるほど、喜劇王に親しみを持っていたギンズバーグは、貧しい生い立ちや母が精神疾患で病院に入退院を繰り返したという点でもチャップリンと共通点があった。

母ネイオミを亡くした後に詠んだエレジーとも言うべき「カディッシュ」（一九六一年）では、キーストン時代の長編喜劇『醜女の深情』（一九一四年）のチャップリンのダンスについて触れ、また一九五七年一月四日付のケルアック宛の手紙では、「不滅のチャップリン」を中心に据えた、一〇ページにわたる政治的な実験詩を書きつけている。

しかし、何より注目すべきは、ギンズバーグが生涯のパートナーであるピーター・オーロフスキーと共作した「コラボレーション：チャーリー・チャップリンへの手紙」[19]だ。

一九六一年に二人がインドに旅をした折に『ニューヨークの王様』を見たことをきっかけに書かれた架空の書簡は、「あなたへのラヴ・レターです」という一行から始まり、『ニューヨークの王様』を偉大な映画と讃え、「あなたはどんどん前に進んで、また映画を作って、みんなをファックしましょうよ。もしそうしてくれたら、ぼくたちはエキストラで出ます」と次回作を熱望する。

あなたは、何度ぼくたちがあなたの映画をニューアークで見て、バラの花を見て泣いたか知っていますか？　どれだけ夏にコニーアイランドで、ぼくたちが野外劇場に座って、あなたが階段を永遠にどたばた降りてランプシェイドに化けるのを見たか知っていますか？　あなたはぼくたちの死んだ母さんさえも笑わせました。だから、忘れないで、すべては大丈夫なんです。ぼくたちはあなたの次の映画を待っていますし、世界は今でもあなたの次の映画に頼りっきりなんですよ。

「バラの花を見て泣いた」とは、言うまでもなく『街の灯』のラストシーンのこと。「階段を永遠にどたばた降りてランプシェイドに化ける」とは、初期作の『冒険』でチャーリーが警官から逃げる最中に、大きな照明ランプの傘をかぶって身を隠す演技を指している。彼らは初期作からの最新作までずっとチャップリンを見続けてきたのだ。

その上で、二人は「あなたは原子爆弾についての映画を作るべきだ！」と、ストーリーを提案する。ケルアックらの考える「チャップリンの新作」は、チャップリンが演じるみすぼらしい老いた掃除夫が、核爆弾による空襲を生き延びるところから始まる。

翌日、彼が外に出て、人間の死体がエンパイア・ステート・ビルディングのように積み上がったところを這い出し、映画のその後のシーンは、ずっと掃除夫がスクリーンの中で、たった一人で、そこには誰もいないのに誰かと一緒にいるようなフリをしている、透明の男たちとバーでビールを飲んで、去年の新聞を読んで、そして、エンディングは永遠の年老いたチャップリン的表情で呆然とキャメラを見つめる、うっとりと孤独の神の瞳へと入っていく。

チャップリンさん、あなたの最後の声明にふさわしい、それを作れば、あなたは世界を救えます――しかし、あなたのラストシーンの表情はとても美しいに違いないから、世界が救われても救われなくてもどっちでもいいです。

核戦争の後に放浪者が一人だけ生き残るというアイディアは、先に触れたエイジーの*"The Tramp in the New World"*と同じものであり、原子爆弾の恐怖の中、同時代のアーティストたちがいかにチャップリンに救いを求めていたかがわかる。しかし、その直後に、チャップリンの表情の美しさを思い浮かべ、「世界が救われても救われなくてもどっちでもいい」と付け加えたのは、いかにも詩人らしいチャップリン賛だ。

一九六三年に、ギンズバーグは「マニフェスト――チャップリンが戻らなければ、そして戻るまでは、私は辞める」[20]なる長文の詩を捧げた。その中で、彼は「チャップリンに戻ってほしいとお願いしても、彼はどこに戻れるのだろう／新聞たちはまたわめき散らし攻撃をするだろう／かわいそうに、かつて子どもだったチャーリーは白い白い頭で／ハリウッドの安物の通りをひとりうろつくのだ」と嘆いた。以前の栄華とはすっかり変わってしまったハリウッドをうろつく白髪の道化師の寂しい姿……。

しかし、現実はそうはならなかった。

アメリカがヴェトナム戦争に本格的に参戦する一九六五年ごろには、チャップリンの米国での人気は回復していた。ビート詩人たちは、この間もチャップリンを詩のテーマとしてたびたび登場させた。[21]ファーリンゲッティは、「シティ・ライツ・ブックストア」で詩のリーディングを行なう際に、しばしばチャップリンの山高帽とステッキを持ってパフォーマンスを行なった。

アメリカにおけるチャップリンの復活は、一九七二年のアカデミー名誉賞の受賞と、それに続く代表作のリヴァイヴァル公開の大ヒットで決定的なものとなった。

一九七四年三月には、ノースダコタ大学でイベント「シティライツ・イン・ノースダコタ」が行なわれ、ファーリンゲッティ、ギンズバーグ、オーロフスキーらが久しぶりに一同に会した。そのときのポスターの真ん中には大きくチャップリンがデザインされている。ちょび髭の放浪紳士はビート詩人たちのアイコンであり続けたのだ。

その三年後の一九七七年一二月二五日、チャップリンはこの世を去った。彼らのアイドルの死去に際し、ファーリンゲッティは、「さらば、シャルロ：第二のポピュリスト・マニフェスト」を書き、「フランコは死んだが、ピカソだって死んだ／チャップリンは死んだが、ぼくらは彼の山高帽を被り続ける」とチャップリンの言葉を受け継ぐことをうたった。

ファーリンゲッティは、シティ・ライツ・ブックストアとそこに集ったビート詩人こそチャップリンの魂を受け継ぐものであると自負していた。二〇一三年にリサ・スタイン・ヘイヴンに宛てたメールの中で、彼は次のように誇らしげに言う。


チャップリンの影響力はとても広範囲なものだったので、アメリカ政府は（そしてマッカーシーの非米活動委員会は）彼を国外に追い出した（そして彼は二度と戻らなかった）。それによって、私たちから二〇世紀の最も偉大な創造的な魂の一つを奪ってしまった。しかし、彼の映画は彼よりも長生きした。そして、彼の魂はシティ・ライツ・ブックストアにおいて生き続けている。[22]

現代の吟遊詩人たちへ

以上、チャップリンがビート詩人たちに与えた影響について見てきた。むろん、チャップリンの存在は、ビートに限らず、各国のさまざまな詩人に影響を与えており、例えば日本に限っても古くは彼を痛烈に批判した室生犀星から近年の谷川俊太郎に至るまで、多くの詩人が彼を詩作のテーマに据えている。しかし、単一のグループに属する詩人の多くが揃ってチャップリンに親近感を抱き題材に選んでいるという点で、ビートとチャップリンとの関係は特別なものだと言えるだろう。

あらためて注目しておきたいのは、ビート詩人たちが、とりわけチャップリンの政治性に焦点をあて、その言葉を取りあげて抵抗のシンボルとしたことだ。類まれな身体芸のパフォーマーであったチャップリンから、政治性だけをピックアップすることにその特徴がある。

こうした、ややもすれば一面的な受容の仕方には違和感を覚える向きもあるだろう。たとえば、同じく〈言葉〉を扱う芸である落語界を代表する一人の桂米朝は、二〇〇三年七月に筆者が行なったインタビューにおいて、「最も尊敬する人を一人選べと言われたら、チャップリンです」として、「サーカスのようなものか、なにを訓練したのか知りまへんけど、あの体の動きがすごいです」とまず身体に着目し、「ドタバタから国際問題まで。あないな人は二人とおりまへんなあ」とサイレント喜劇から『独裁者』に至る達成を讃える。

一方で、『殺人狂時代』の「一人殺せば犯罪だが」などの言葉については、「あの時代に言うたのはすごいことですが、チャップリンはんが最初に言わはった言葉やないしね」と過度に持ち上げることはしなかった。上方落語の巨人は、チャップリンの多面的な魅力を、政治の言葉だけに閉じ込めたくなかったのだ。

しかし、反共主義のヒステリーが吹き荒れるアメリカでは、事情が違っていた。チャップリン映画が上映禁止になり、彼の存在そのものが抹消されようとしていた時に、せめて言葉だけでも伝えていくことが重要であり、それが暗黒の冷戦時代において詩人の抵抗の拠り所、民衆の希望の灯火となったのだ。

ビート詩人たちが守り続けたチャップリンの言葉は、さらに広範囲に伝えられていくだろう。ビート詩人が、書斎で黙読するものになっていた詩をポエトリー・リーディングで声に出して読むことで身体性を回復させたのだとすれば、さらにその動きを推し進めて、詩に「ソング」を復活させたのがボブ・ディランということになるだろう。[23] のちにノーベル文学賞を受賞することになる現代の吟遊詩人たるボブ・ディランは、チャップリンを「ぼくのアイドル」と讃え、コンサートで退場の挨拶をする際にチャップリンの真似をしたこともあるほどのファンだ。[24]

ぼくがステージにいたとして、ぼくのアイドルは——ステージにいるときの、最大のアイドルと言えば——四六時中ずっと頭の中に走っているのは、チャーリー・チャップリンだ。ああ、そのことを説明するのはちょっと時間が必要だ。だけど、彼こそ、そんな人物の一人なんだ。[25]

彼はぼくに影響を及ぼしている。ぼくの歌い方にさえもだ。彼の映画は本当に染み込んでいる。ぼくは、この世界でユーモアを見るのが好きなんだ。周りにはほとんどそれがない。ぼくはいつもチャップリンの放浪者のことを意識していると思うね。[26]

チャップリンの抵抗の言葉は、世紀を跨《また》いで受け継がれていった。

ロックグループのU2が、"eXPERIENCE & iNNOCENCE Tour"のオープニング映像に『独裁者』のラストの演説を引用したことは前章でも書いた。演説は、二一世紀初頭のイラク戦争の際にはフランスを中心に多くメディアに取り上げられ、日本では東日本大震災の直後に動画サイトでの再生回数が数十倍に増え、新型コロナ禍に見舞われた二〇二〇年には人々を励ます言葉としてまたもや動画サイトでの再生順位が急上昇した。その間、世界中で一〇〇を超えるラッパーたちによって演説の言葉が楽曲にサンプリングされている。

もっとも、チャップリン本人は、『独裁者』の演説の言葉は古びてしまって忘れられたと思っていたらしいが、[27]二一世紀になっても拡散し続けているこの状況を知れば彼はどう思うだろうか。もちろん、『独裁者』の演説は震災や原発問題には触れていない。だが本人が予想もしなかった文脈において、それが受け継がれ、誤解も含めて新たに意味を生み出し続けているのだとすれば、それこそが言葉の持つ根源的な働きではなかったか。彼があれほどまでこだわっていた〈普遍的な伝達手段〉は、喜劇王の身体言語によってだけでなく、言葉によっても獲得されたと言えるだろう。

アカデミー名誉賞を受賞した際のスピーチで、感動のあまり言葉に詰まり、「私には、言葉は役に立たないように思えます」と述べたチャップリン。彼は、自身の言葉が世界中の人々を励ますのに役立ったことに気づいていなかったようだ。チャップリンという存在は言葉を超えるものにして、同時に彼の言葉は世界を結びつける。そのことを、やはり偉大な詩人であるジャン・コクトーは簡潔に述べている。「疑いなく、彼の助けがあれば、バベルの塔も完成したことだろう」[28]。

---

1 Charlie Chaplin, "*Pantomime and Comedy*," *New York Times*, 25 Jan 1931.
2 高田博行著、『ヒトラー演説――熱狂の真実』(中公新書、二〇一四年)、二三三頁。
3 ゲッベルスの一九四五年三月三〇日付の日記。桃井真訳『大崩壊――ゲッベルス最後の日記』(講談社、一九八四年)、三四一頁。
4 *Springfield lead and press*, 21 Jul 1947.
5 *The Show*, circa May 1950. 詳しい日付不明。チャップリン・アーカイヴ所蔵。
6 George Wallach, "*Charlie Chaplin's Monsieur Verdoux Press Conference*," *Film Comment* 5(Winter 1969), pp.34-43.
7 チャップリンからビート詩人への影響について、本稿はリサ・スタイン・ヘイヴンの次の著作に多く依っている。Lisa Stein Haven, *Charlie Chaplin's Little Tramp in America, 1947-77*(Palgrave macmillan, 2016).
8 Haven, p.41.
9 Peter Martin, "*The Chaplin Case*," *City Lights*, vol. 2, Oct 1952.
10 *The Writer's Almanac*, 24 Mar 2006.
11 ケルアックがジョン・クレロン・ホームズに語った言葉。イヴ・ビュアン著、井上大輔訳『ケルアック』(祥伝社、二〇一〇年)、一二一頁。
12 原成吉著『アメリカ現代詩入門』(勉誠出版、二〇二〇年)、四三一―二頁。

13 Haven, p.56.

14 『ケルアック』、二〇頁。

15 ジャック・ケルアック著、池澤夏樹・高橋雄一郎訳『ケルアック詩集』(思潮社、一九九一年)、一二頁。コーラス19は同書の訳を引用し、同書に収められていないコーラス52は筆者が訳した。

16 『ケルアック』、一一頁。

17 アレン・ギンズバーグ著、柴田元幸訳『吠える　その他の詩』(スイッチ・パブリッシング、二〇二〇年)、一二頁。

18 Allen Ginsberg, “*Notes Written on the Recording of Howl*” in Billy Morgan ed., *Deliberate Prose: Selected Essays 1952-1995*(New York: Harper Collins Publications, 2000), p.229.

19 Allen Ginsberg with Peter Orlovsky, “*Letter to Charlie Chaplin*,” *The Floating Bear*, issue #21, August 1962.

20 一九六三年三月二四日に書かれたこの詩は、出版はずっと遅く一九七〇年に「シティ・ライツ・ジャーナル」に掲載された。

21 ファーリンゲッティは、一九六九年の“*In a Time of Revolution for Instance*(たとえば革命の時に)”で、「彼女は美しい生き物だった／ぼくはチャーリー・チャップリンが靴を食べているような気分だった／彼女の視線がぼくの上を滑ったとき」と、『黄金狂時代』で飢えのあまり自分の靴を食べてしまうチャーリーの究極の欲望を、「ぼく」の性欲の飢えを表現するメタファーとして登場させた。また、一九七六年の「疎外の指導者」では、「メイシーズの鏡を覗き込んで／秘密の企みを考える／チャップリンになった気分にさせる企み」と、『モダン・タイムス』の高級デパートのシーンをイメージさせた上で、その後同じ『モダン・タイムス』でたまたま旗を拾って振ってしまったがためにデモ隊の指導者と間違われた場面に触れて、消費社会と弱者の対比を詠む。

22 Haven, p.49.

23 原、四三三頁。

24 ボブ・ディラン著、ジェフ・バーガー編、湯田賢司訳『ボブ・ディラン インタビュー大全』(DU BOOKS、二〇一九年)、九一頁。一九九一年にディランにインタビューをしたポール・ゾロは、彼の印象を「直接会ってみるとチャップリンと似ている」と話す(同書、三一四頁)。

25 Bob Dylan, "*The Billy James Interview*," *New Musical Express*, 24 Apr 1976.

26 Robert Shelton, *No Direction Home: The Life and Music of Bob Dylan*(New York: Da Capo Press, 1986), p.125.

27 一九六〇年ごろ、チャップリンの三男マイケルは学校で、「君のお父さんは、こんな素晴らしい言葉を言っているんだ」と『独裁者』の演説全文を教師からもらった。帰宅してそれを見せると、父チャップリンは驚いた顔で、「もうこんな言葉は古びてしまって、忘れられていると思っていた」と言ったという。二〇一二年九月筆者のインタビューによる。

28 Jean Cocteau, *Carte Blanche*, 1919.

II

第5章

チャップリンとアニメーション

アニメーション界のスター、チャーリー

今さら説明するまでもないことだが、アニメーションの原理とは、絵や人形などのものを少しずつ動かしながら一コマずつ撮影し、そうして得られた複数の静止画を連続して映写した時に、絵やものが動いているように見せるというものだ。本来動きを持っていないはずの絵やものに、命を与える《アニメート》アートである。

世界で初めてのアニメーション映画は、フランスの画家エミール・コールによる『ファンタスゴマリー』(一九〇八年八月一七日公開)とされている。一分一七秒ほどの作品で、最初にペンを持った画家の手が映り、彼が描いた道化師が街に出て空を飛ぶ。画面の線が次々と形を変えて、例えば道化師がワインボトルの中に入れられて、ボトルが花になって開くと、道化師が中から出てくる、といった具合だ。

今でこそ、アニメーションは実写映画と肩を並べ、とりわけ日本では実写よりもアニメ映画の方が

ヒットを記録するようになっているが、初期のそれはトリック映像として楽しむもので、実写の添え物のような存在だった。

アニメを人気コンテンツの高みに引き上げたのは、なんと言っても、「キャラクター」の存在である。ミッキーマウスに始まり、近年の『鬼滅の刃』（テレビアニメは二〇一九年開始）に至るまで、キャラクターが観客を吸引する源になっている。スター・キャラクターが、添え物に過ぎなかったアニメーションに、命《アニメート》を与えたわけだ。

アニメーション界で最初のオリジナルのスター・キャラクターといえば、一九一九年一一月九日に初公開された映画“*Feline Follies*”に源流を持つ「フィリックス・ザ・キャット」シリーズのフィリックスだ。黒猫のキャラクターは、アメリカをはじめ各国で大人気になった。

さて、この「アニメーション界で最初のオリジナルのスター・キャラクター」の誕生に、チャップリンが大きく影響を及ぼしていたことはあまり知られていない。

それ以前に、アニメーション草創期の「オリジナルではない」スター・キャラクターの一人が、チャップリンその人だったという事実は、ほとんど指摘されていないのではないか。

実は、アニメーション映画技術が確立されつつあった一九一五年から二三年までのあいだに、チャップリンのキャラクターをアニメ化して主人公とする「チャップリン・アニメ」が三〇作品以上製作されていたのだ。

一九一四年九月、チャップリンがスクリーン・デビューしてから半年あまりのこと、メキシコの映画会社モヴカ・フィルム・サーヴィス（Movca Film Service）はアメリカに進出し、サンフランシスコに拠点を置いた。モヴカは、一〇月一〇日の「ヴァラエティ」誌で、「特別な喜劇漫画映画」を作ると発表した。その内容とは、デビュー一年目にしてすでに大人気になっていたチャップリンを題材としたアニメーションの計画だった。

モヴカは、アニメーターのジョン・テリーとヒュー・シールズと組み、チャップリン・アニメの第一作〝*Charlie Throws the Bull*（チャーリーが雄牛を投げ飛ばす）〟を一九一五年春に公開した。内容は、闘牛士のチャーリーが雄牛を投げ飛ばそうとするが、逆に雄牛に投げ飛ばされる、という他愛ないコメディだった。本作には、同時期に人気を博したコメディアンのロスコー・アーバックルやメイベル・ノーマンドも登場する。まったく無許可で作られたものだったが、実写ではなかったので本家のチャップリン映画とは競合せず、本人も気にしていなかったようだ。ノーマンドは自分のアニメ版であるこのシリーズを見て、「今まで見た漫画のなかでもっとも素晴らしいもの」と喜んだという。[1]

モヴカはチャップリン・アニメ・シリーズを一七本製作し、アメリカ西部・中部でかなりのヒットを記録し、その後一九一六年一月にはニューヨークのブロードウェイ劇場で四週間の上映をヒットさせ、東海岸でも全作を公開したというから、まずまずの成功を収めたことになる。

このチャップリン・アニメが公開された一九一五年といえば、デビュー二年目のチャップリンがキーストンの八倍のサラリーでエッサネイ社に引き抜かれ、映画館の前に「彼はここにいます」と看板が出ただけで劇場が満席になるほどの人気者になった年だ。モヴカのアニメーションは、実写の人気キャラクターを無許可で拝借した、完全なる便乗商法だった。

海賊版に刺激されたわけではないだろうが、当時チャップリン本人が所属していたエッサネイ社も、チャップリンのアニメーションを手がけることにした。急上昇するチャップリン人気からさらに利益を得るために、エッサネイは放浪紳士のキャラクターの「二次利用」を考えたわけだ。初のチャップリン公認アニメーションである。

アニメ界のパイオニアの一人、ウォレス・カールソンは、エッサネイでドジな少年のシリーズ「ドリーミー・ダッド」をすでに一〇作作っていた。エッサネイはダッドをより人気キャラクターに育てるために、放浪紳士チャーリーとの共演を思いつき、一九一五年八月九日に、"*Dreamy Dud Sees Charlie Chaplin*（ドリーミー・ダッドがチャーリー・チャップリンを見る）"を公開した。ダッドと愛犬ワッグが映画館の前でお金を拾い、劇場に入ってチャップリン映画を楽しむというストーリーだ。

この作品で興味深いのは、モヴカのシリーズとは異なり、チャップリンが「アニメ内の映画」で登場する点だ。エッサネイには、チャップリンの映画を見に行くよう観客を誘導する目論見もあったのだろう。「アニメ内のチャップリン映画」の筋書きは、公園で放浪紳士とロバが喧嘩をしているところに警察がやってきて、ロバは放浪紳士を蹴ろうとして間違って警察を蹴って池に落とし、それを見て笑っている放浪紳士もロバに蹴られて池にどぼん、というものだ。「コメディーを作るには、公園一カ所と、警官ひとり、美しい娘ひとりいればじゅうぶんです」[2]という喜劇王の言葉の通り、初期作に典型的な「公園ものコメディ」である。研究者のケヴィン・スコット・コリエは、エッサネイ社内でカールソンとチャップリンは「アニメ内の映画」の内容について話し合ったのではないかと推測する。[3]

本作はヒットを記録したが、エッサネイでのチャップリン・アニメはこれだけになった。当然のことながら、本家チャップリンの作品の方が何百倍もの利益を生んだからだ。

チャップリン・アニメのヒット

チャップリン人気を当て込む動きは、漫画界にも波及していた。一例を挙げると、「シカゴ・ヘラルド」紙では、"*Charlie Chaplin Comic Capers*（チャーリー・チャップリン ドタバタ喜劇）"なる漫画が、一九一六年三月一二日から連載され話題になった。この作品でデビューした気鋭の漫画家は、のちに「ポパイ」の原作者として著名になるエルジー・シーガー。マッチョな不死身の水兵の原点が、ひ弱な放浪紳士だったのかと思うと興味深い。

さて、チャップリンはデビュー三年目の一九一六年に、ミューチュアル社に引き抜かれ、週給一万ドルにボーナスも合わせて年間六七万ドル、今の金額で年収二〇億円という世界最高のサラリーをもらう映画人になった。とどまることのないチャップリン狂の中、次に登場した新しいチャップリン・アニメは、アニメーションの歴史に重要な転換点を作ることになる。

オーストラリア生まれのパット・サリヴァンは、一九一〇年にアメリカにやって来て新聞などで漫画を描いていたが、ユニバーサル映画の傘下にいたプロデューサーのパット・パワーズに見出され、一九一六年にアニメーションのためのスタジオを作った。ちょうどその頃に、彼は、ニュージャージー生まれのアニメーター、オットー・メスマーと出会い、二人で『ちびくろサンボ』を原作としたアニメを模倣した「サミー・ジョンシン」というシリーズを製作し、それなりに注目を集めた。

一九一七年春、サリヴァンとメスマーはさらなるヒットを目指してチャップリンと交渉し、放浪紳士チャーリーをアニメーション化する権利を得た。その後、メスマーの兵役などで製作は遅れたが、一九一八年七月六日付の雑誌"*Motion Picture News*"でサリヴァンは新作の撮影に入ると宣言。ここに二人の「チャップリン・アニメ」構想が動き出した。当初は、三〇〇〇フィート（約四〇分）という当時としては異例の大作を計画しており、その内容は、放浪紳士がバスタブに乗って大西洋を渡り、第一次世界大戦中のドイツで皇帝を捕まえた後、ベルリンに行き、列車でトルコに着いて高貴な女性に求婚するもつまみ出され、ドイツに戻って敵をやっつける、という大冒険譚だった。

しかし、資金的な問題で四本に分けて製作されることになり、第一作として"*How Charlie Chaplin Captured the Kaiser*（いかにしてチャーリーは皇帝を捕まえたか）"が一九一八年九月二日に公開された。この作品は、ニューヨークの四八の劇場のうち四〇の映画館が上映するほどのヒットを記録。以降、一九一九年一〇月にかけて、一〇本のチャップリン・アニメーションがユニバーサル映画から配給・公開された。ストーリーやギャグは、チャップリンの短編作品から多く引用された。

一九一八年から一九年といえば、アニメーションのオリジナルとしては史上初のスター・キャラである猫のフィリックスが誕生する前のこと。つまり、アニメーション史上で初のスター・キャラクターは、チャップリンのアニメ化だったことになる。草創期のアニメーション界はまだオリジナルのスターを生み出すことはできず、生身のスターを借りるしかなかったのだ。

それ以前に、そもそも当時「スター・キャラクター」と呼べるものが、チャップリンしかいなかっ

モヴカによるチャップリン・アニメーションの広告

たという事実を思い出す必要がある。

第1章において、彼が歴史上初めて成し遂げたこととして、「動いている姿が世界中に知られた初めての人物である」という点を挙げた。一九世紀以前は、どんな世界的な宗教指導者でも大帝国の皇帝でも、そのイメージは絵画や彫刻で知られるだけだった。

産業革命以降、写真・印刷技術や、マスコミの発展、交通機関の発達とともに、国境を越えるスターが誕生した。しかし、演劇界における最初の国際スター俳優の一人と見なされるサラ・ベルナールですら、そのカリスマ的な名声が及んだのは、フランス、イギリス、アメリカなどにとどまる。言うまでもなく、生身の人間が全世界で公演することは不可能だからだ。

ところが、映画というメディアが発明されると、初めて「人物が動くイメージ」が広く流通することになった。その結果、「アメリカの映画スター」、

パット・サリヴァンのチャップリン・アニメーションの広告

「日本の剣戟スター」など、それぞれの地域や国で広く知られる「スター」が誕生した。

パントマイムによって言語の言葉を超えて誰もが理解できる芸の使い手であるチャップリンは、映画という世界共通フォーマットのメディアの申し子のような存在だった。というわけで、彼の人気は早い段階で地球上すべてに行き渡ることになる。例えば、我が国では、デビュー後六ヶ月で早くも「変凹君《へんぺこくん》」なる愛称で紹介された。ドイツは主要国では最も遅かった国の一つだが、それでもデビュー二年目には作品が公開され、たちまち人気を博して「チャーリー・カップリン」なるモノマネ芸人まで登場した。

第1章でも述べた通り、『キッド』は、ほとんど同時期に世界中で上映され大ヒットを記録した最初の作品となった。つまり、今ではネット上の動画配信などで当然となっている「全世界の人が同じ映像を同時に見る」という映像メディアの特性を、歴史上初めて発揮した作品になったのだ。史上初の〈世界的キャラクター〉である放浪紳士チャーリーが、アニメーションの世界に移入されて、アニメ界の最初のスター・キャラクターとなったのは、至極自然なことだった。

初期アニメーションへの影響

さて、サリヴァンとメスマーによるチャップリン・アニメは、どこがアニメ史の重要な転換点だったのか。

チャップリン・アニメのヒットで名を上げた二人は、満を持してオリジナル作品を企画する。

チャップリン・アニメにすでに登場していた猫のキャラクターを主人公に据えた新シリーズだ。それが『フィリックス・ザ・キャット』である。

アニメーション史家のゴードン・B・アーノルドも指摘する通り、チャップリン・アニメの製作の経験は「サリヴァンとメスマーの頭から離れることはなかった。チャップリンは、その後の猫のフィリックスの誕生に疑いなく明らかに影響していた[4]」。

実際のところ影響どころか、フィリックスの誕生には、チャップリン本人が力を貸していた。メスマーは次のように回想している。

チャップリンは違ったポーズでの彼の写真を少なくとも三〇~四〇枚は送ってくれた。彼は喜んでいた。なぜならアニメーションが彼の映画の宣伝にもなるからだ。彼がやったどんな小さな動きでも、私たちがコピーをするのを、彼は奨励してくれた。のちに磨きをかけて、フィリックスの動きとして使った。脚本上のアイディアがなくても、面白い歩き方で笑いが取れると私たちは考えていた。あるいは、尻尾を動かしたりとかね。チャップリンは私たちに大きな影響を与えた。[5]

アニメの最初のスター・キャラクターの一人は「チャップリン」その人のアニメ化だったが、それだけでなく、初のオリジナル・スター・キャラクターであるフィリックスもチャップリンの強い影響のもとに誕生していた。アニメーションの隆盛の礎にはチャップリンの存在があった。

それにしても、あまたいるサイレント喜劇人のなかで、なぜチャップリンがアニメーション初のスター・キャラクター誕生にとりわけ強い影響を与えたのだろうか？

第一に考えられるのは、チャップリンは群を抜く人気と影響力があったから、という理由だ。人気者は模倣され、ビジネスになる。身もふたもない話だが、これに尽きるのかもしれない。

だが、それだけではなく、彼と他の喜劇人とを隔てるアクションやギャグの違いが、より大きな理由としてあるように思われる。

メスマーは、チャップリンの「面白い歩き方で笑いが取れる」と言っているが、この発言は注目に値する。従来のコメディに見られた「高速で追いかけっこをする」や「派手にこける」などのアクションで笑いをとったのではなく、チャップリンは誰でもできる「歩く」という動作そのものを脱構築した。第1章と第2章でも触れた通り、他のサイレント喜劇人が肉体的な躍動と物理的な破壊のギャグだったとすれば、チャップリンは想像力の躍動と観念の破壊で笑いを産んだ。

前述の通り、放浪紳士の独特の動きは前衛芸術の題材にもなるほど当時の人々に斬新なものとして映った。その人間離れした滑稽さはアニメーションのインスピレーションの源にもなったのだ。

チャップリンの想像力を自在に拡張させるステッキは、猫のフィリックスが自在に操る尻尾へと受け継がれた。実際、猫のフィリックスには、尻尾を取り外してステッキにしてチャップリンを模倣するギャグもある。チャップリンにおいては、ただのモノであるはずのステッキが身体の一部になり、フィリックスでは身体の一部である尻尾が取り外されてモノになる。このような身体とモノの自由な交通は、チャップリンか、さもなくばアニメーションでしかあり得なかったわけだ。初のスター・アニメ・キャラクターの誕生にチャップリンが関わっていたことは論理的な帰結だった。

また、猫のフィリックスが生まれた一九一九年という時期にも注目したい。一九一四年のデビューから一七年までに六〇余本の短編喜劇をに出演していたチャップリンは、一九一八年に独立して自前の撮影所を構えた。以降、納得いくまで時間をかけるようになったため、寡作となっていく。

一九一九年は、チャップリンがドタバタ短編喜劇の製作を減らし始めた時期だ。その年に発表した短編はわずか二作品、翌二〇年には一作も作っていない。まさにその年に、アニメのスター・キャラクターが登場した。

他のコメディアンたちがまだ多くの短編喜劇を作っていたことを考えると、アニメのスター・キャラたちは、激減したチャップリンの短編の隙間を埋めるように、入れ替わりに登場したということになる。一九二〇年代に黄金期を迎える短編アニメーションは、チャップリンの短編喜劇の正当な跡継ぎだったのだ。

ちなみに、この〈サイレント喜劇とアニメーションの影響関係〉には続きがある。フィリックスが大ヒットした後、その動きをそっくり会得するために特別なフィルムが作られて、ある実写の喜劇俳優に手渡された。彼の名はバスター・キートン。[6] 彼はほどなくして、監督作を作るようになり、一九二〇年代には三大喜劇王の一人として人気を誇った。チャップリンの影響で猫のフィリックスが生まれ、フィリックスの動きをキートンがまねていたという事実は、チャップリンを起点としたサイレント喜劇とアニメーションとの興味深い影響関係を教えてくれる。

チャップリンとディズニー

さて、一九一五年に初めてチャップリン・アニメを作ったジョン・テリーの弟ポール・テリーは、ニューヨークでアニメーターとして活躍し、一九二〇年代にイソップ物語のパロディ・アニメーションをヒットさせた。それに刺激を受け、『赤ずきん』のパロディを製作した駆け出しのアニメーターがいた。彼、すなわちウォルト・ディズニーは、のちにミッキーマウスを産み、アニメーションを一大産業へと育て上げることになるだろう。

ただし、われわれはこの事実でもって、「チャップリンはディズニーにも間接的な影響を与えていた」などと指摘しただけで、この章を終わらせるべきではない。というのも、間接的な影響どころか、二人にはほとんど師弟関係とも呼べるほどの強固な影響関係があったからだ。

ウォルト・ディズニーは、一九〇一年にシカゴに生まれた。幼少期をアメリカ中西部の典型的な田舎マーセリーンで過ごしたことで、大自然や開拓者への憧れを持つようになり、また父親が農場経営失敗した後に経験した苦しい新聞配達の毎日で、苦労の末に夢を手に入れるアメリカン・ドリームの精神を叩き込まれた。どちらものちのディズニー映画の基調となるものだ。

少年時代のディズニーの夢は、俳優になることだった。そして、その憧れの対象とは、当時人気急上昇中のチャップリンだった。彼は喜劇王の動きを研究し、一三歳の時には地元のチャップリン物真似コンテストで優勝して二ドルの賞金を得ている。それは、のちにエンターテインメントの巨人となる男が、アーティストとして最初に稼いだお金だった。

ウォルトの妹ルースは、「兄の野望はもう一人のチャーリー・チャップリンになることでした」と回想する。高校時代のウォルトは、「だぶだぶのズボンに山高帽、汚れた靴にステッキで、小道を行ったり来たりするところを、友達の一人にカメラで撮影させていました」[7]。

しかし、ディズニーは俳優の道を早々に諦める。「血の匂いに誘われるライオンのように演技に引きつけられた。演じることが好きだった！　拍手喝采を受けるのが好きだった。手渡される賞金が好きだった。舞台裏のえも言われぬ匂い、えも言われぬ光景が好きだった」[8]と演技に夢中になっていたし、ヴォードヴィルの巡業公演にスカウトされかけたこともあった。だが、彼は当時の喝采の理由について、「なにせわたしたちは若かった」[8]と、子供の素人芸が目を引いただけだと冷静に見ている。この冷徹さこそ、のちにアーティストというよりもむしろプロデューサーとして成功した彼の真骨頂だった。

というわけで、絵描きの道を選んだディズニーは、第一次大戦後、カンザスシティの小さな広告会社に就職。そこで生涯の盟友となるアブ・アイワークスと出会い、共にアニメーション製作会社を起こした。絵の才能は人並みだったが抑えきれないほどの創造力に富んだディズニーと天才的なデッサン力を持つアブとは理想的なコンビだった。

しかし、会社はすぐに倒産してしまい、やはり俳優の夢を捨てきれなかったのか、一九二三年にハリウッドに移り住んだ。憧れの人を一目見たいと、チャップリン撮影所の周りをうろうろするが会えるはずもない。（ただ、「もし会えたとしても恐れ多くて何も言えなかっただろう」と、のちにディズニーは回想している。）俳優の仕事も入らず、もう一度アニメーションに戻って作品づくりに励み始めた頃、『フィリックス・ザ・キャット』を配給していたマーガレット・ウィンクラーの目にとまり、アニメのなかで実写の少女が活躍する「アリス・シリーズ」で本格的にアニメ製作者としてデビューすることになる。

チャーリーとミッキーマウス

当時のアニメ界は猫のフィリックスに続けとばかりに動物のキャラクターで溢れていた。ディズニーも配給会社の求めに応じて、「しあわせうさぎのオズワルド」を作った。彼が世に放った最初のヒット作である。これでディズニー社も軌道に乗ったと思ったのも束の間。オズワルドの権利を配給会社に持っていかれてしまい、ディズニーはすべてを失ってしまう。——と彼は回想しているが、実のところ、もともと契約書にそのように書かれていたのを、あまり理解していなかっただけのようだ。

ともあれ、人生最大の裏切りにあったディズニーは、「もう二度と人には使われないぞ」と怒り狂いながら、一心に絵を描き続ける。そして、その誕生以来世界中でもっとも知られ、愛され続けているキャラクター「ミッキーマウス」を創造した——伝記作家のニール・ゲイブラーによるこの描写は[9]、まるで逆境の後に勝利を収めるアニメの主人公のようだが、どうもそれも眉唾物らしい。

実は、作画については、ミッキーマウスを最初に描いたのは盟友アイワークスだったということで結論が出ている。何年も絵を描いていなかったディズニーが突如独創的なキャラクターを描けるわけもなかった。ミッキーマウスは、頭とお尻の二つの丸の組み合わせでキュートな造型になっているが、あれは丸みにこだわったアイワークス得意のデザインだ。

当のアイワークスも、別のアニメーターが描いたネズミをヒントにしたとも語っている。いずれにせよ、ありふれた動物のデザインを誰が最初に思いついたかはそれほど重要ではない。これは、チャップリンとて同じことで、彼が人類で初めて髭や帽子を着用して演技をしたわけではない。チャップリンの放浪紳士において風貌もさることながらその内面が重要であるのと同様に、ミッキーマウスのキャラクターを特別なものにしたのは外見ではない。ディズニーは、ネズミの内面に長年憧れてきた彼のヒーローの命を吹き込ん《アニメート》だ。


ミッキーのアイディアについては、私たちはチャーリー・チャップリンにかなりの借りがあると思っている。私たちは、訴えかける何かが欲しかった。それで、チャップリンの切なさのようなものを持つ、小さくてつつましやかなネズミを思いついたんだ。できる限りがんばろうとする、あの小さなチャーリーのような……[10]

ミッキーマウスは、姿形もチャップリンに似ている。チャーリーの帽子はミッキーの黒い耳になる。放浪者のきつい上着とぶかぶかの大きなズボンの対比は、ミッキーの小さな上半身と丸くて大きなお尻のズボンへと受け継がれた。両者とも極端に大きな靴を履き、常につま先を外側に向けて立つ。

チャップリンをモチーフにしたミッキーマウスだったが、周囲から見ればその性格はディズニー本人の分身に見えたらしい。しかし、兄のロイ・ディズニーによると「弟はチャーリー・チャップリンにとても魅了されていたので、弟自身がチャーリー・チャップリンだった」[11]とのことなので、それも当然の成り行きだった。ともあれ、小さなネズミは小さな放浪紳士同様に世界を征服することになる。

「自分の作品の著作権は、他人の手に渡しちゃだめだ」

ミッキーマウスの成功のあと、いよいよディズニーはチャップリンとの対面を果たす。ディズニーは幼少から憧れてきた喜劇王から、「僕も君の作品のファンだよ」と声をかけられ、有頂天になった。天才はもう一人の天才が目の前に現れたことを悟り、「君はもっと伸びる。君の分野を完全に征服する時が必ず来る」と予言した。しかし、芸術性と商業性を兼ね備えたチャップリンは、次のように冷徹にビジネス上の忠告をすることを忘れなかった。「だけど、君が自立を守っていくには、僕がやったようにしなきゃ。つまり、自分の作品の著作権は他人の手に渡しちゃだめだ。」

この助言は、ディズニー社のみならず、エンタテイメント・ビジネスのその後の道筋を指し示すことになる。

チャップリンは映画界で最も早く自作の権利の大切さに気づいた一人だった。一九一六年にエッサネイ社を退社しミューチュアル社に移った時、エッサネイは二巻もの（約二五分）として作った『チャップリンのカルメン』を、本人の許可なく四巻ものに水増しして公開し、巨万の富を得た。チャップリンはエッサネイを訴えるも、法の不備もあり敗訴。一九一八年に独立して自分の撮影所を作ったのも、誰の干渉も受けずに心ゆくまで作品づくりに没頭したいという芸術的欲求に加えて、自作の権利を全て自分のものにしておきたいというビジネス上の考えのあらわれでもあった。

放浪紳士チャーリーが史上初のキャラクターだったことを書いたが、同時に、チャップリン本人はそのキャラクターでビジネスを始めたパイオニアであった。人気の急上昇とともに、アメリカのみならず各国にちょび髭をつけたモノマネ俳優が現れた（前述のドイツのカップリン以外にも、メキシコにはアップリンがいた）。チャップリンは一九一七年にこれらのモノマネ俳優たちを一斉に提訴し、彼らが出演する映画の公開の差し止めを勝ち取った。これは歴史上初めて、映画のキャラクターの権利を確立した画期的な判決だった。以降、チャップリンのお馴染みの扮装を使ったグッズの販売などキャラクター・ビジネスが始まった。

ただし、チャップリンの目的は、あくまで創作の自由を貫くための自作の権利の確保であり、キャラクター・ビジネスにはそこまでこだわりはなかった。その部門を主に手がけていた兄シドニーが自身の俳優業に打ち込むようになると、チャップリン本人はグッズ業者からは使用料を徴収しなくなった。興味がなかったのだ。

このキャラクター・ビジネスを引き継ぎ、一大産業に育てたのがウォルト・ディズニーだ。ディズニーがミッキーマウスの商品価値に気づいたのは、一九二九年のことだ。その頃、ロス・アンジェルス郊外のある劇場の支配人が、私的に「ミッキーマウス・クラブ」を作って、週末ごとに子供たちで劇場を満員にしているという話を聞いた。ある日そこに招待されたディズニーは、一〇〇〇人の子供達がミッキーマウスに声援をあげる姿を見て、彼が産み出したキャラクターの力を確信した。

それほどまで愛されているキャラクターを、常に手元に置いておきたいと望む人々があらわれるのは時間の問題だった。一九三〇年初頭、ニューヨークのホテルに滞在中だったディズニーのもとに、ある男性が子供用のメモ用紙にミッキーマウスを印刷したいので許可が欲しいと訪ねてきた。当時、お金に困っていたディズニーは、三〇〇ドルで了解。これがミッキーマウス・グッズの第一号だ。以後、チャップリンと同じように、様々な商品にミッキーの図柄がプリントされるようになっていった。

当時、他のアニメーションでも、キャラクター・グッズは存在した。しかし、その多くは配給会社が販売したり宣伝のために無料で配布したりするもので、製作者の利益にはなっていない場合が多かった。ディズニーはすべての権利を自分のものにしていたので、グッズの売り上げを製作費に回すことができたのだ。「自分の作品の著作権は他人の手に渡しちゃだめだ」というチャップリンの教えの賜物であった。こうして一九三四年の時点で、ミッキーマウス関連グッズの売り上げは全世界で七〇〇〇万ドルとなり、その年の権利収入だけで二〇万ドルを記録。グッズの権利収入が映画の収入を大きく上回るようになった。

この分野については後発のディズニーが、チャップリンを圧倒的に凌駕するようになる。前述の通り、チャップリン本人がキャラクター・グッズに興味を示さなくなったことの他に、アニメのキャラクターは商品化しやすく、ミッキーの他にドナルドダックなど多くのキャラクター集団を擁して大きな市場を創出できたことが大きい。キャラクター・ビジネスにおいて、チャップリンがその生みの親だとすれば、ディズニーは育ての親だと言えるだろう。

エンターテインメントの二人の巨人

一九三〇年代を通して、二人は友好を深めていく。

一九三二年から、ディズニー作品は、チャップリンが共同創立者であるユナイテッド・アーティスツ社（UA）で配給されることになった。自作が憧れのチャップリンの会社で公開されることになり、ウォルトは大いに喜んだ。それに先立って、チャップリンの『街の灯』の併映短編としてミッキーマウスの作品が選ばれたことで、プレミア上映に出席したアインシュタイン博士やバーナード・ショーら各界の大人物にディズニーの名が広まることになった。チャップリンは長編の添え物に過ぎなかったアニメーション作品の地位向上にも手を貸したことになる。

1931年4月16日付の「オレゴン・ニュース」紙に掲載された、画家ジョージ・コーリーによる「ミッキーマウスに花束を」。チャップリンが共同設立者であるユナイテッド・アーティスツで、ディズニー作品が配給されることになったのを記念して描かれた。

そんなチャップリンの助力もあり、UA配給の『三匹の子ぶた』（一九三三年）はアカデミー賞最優秀短編アニメーション賞に輝く。そのパーティーの席上、チャップリンが放浪紳士の歩き方で彼を祝福した時は、ディズニーは感激で圧倒されたという。

ディズニーは短編アニメの成功に安住することなく、『三匹の子ぶた』が公開された頃には初の長編アニメ『白雪姫』（一九三七年）を企画していた。長編アニメーションは前例がなく、また短編とグッズとで年間六〇万ドルの売り上げを記録しており無謀な冒険をする必要もなかったので、周囲は猛反対した。

その時、ただ一人チャップリンだけが応援した。彼もまた周囲の反対を押し切って長編喜劇『キッド』を作った経験があった。「チャーリーは私にとても優しかった。私の最初の長編アニメ映画について、他の誰もが懐疑的だった時に、彼は前に進むようにと勇気付けてくれた[12]」。チャップリンはディズニーに長編を作るときの心得を授けた。それは、やはり人々が共感できる主人公、ストーリーとテーマの重要性であった。「チャーリーは私に、最上のコメディにおいて、人は主人公に同情しなければならないということを教えてくれた。主人公の行ないに笑う前に、主人公のために涙を流さなくてはいけない、と」。

内容面だけではなく、ビジネス面においてもチャップリンは惜しみなく助言を与えた。「僕がやったことを知ってほしい。連中は君の映画を買い叩くかもしれない。君は最高の条件以外は受け入れるべきではない」と、自分の帳簿を開いて「最高の条件」の数字を見せ、「これより低い数字では売るな。君はもっと取るべきだ[13]。」そして、『モダン・タイムス』を配給した時の資料一式をディズニーに

1939年3月に、サンタ・アニタ競馬場に出かけた
チャップリンとウォルト・ディズニー。

提供した。配給会社に対してチャップリンの条件を参考に商談をすることができたディズニーは、一九三八年五月三一日付の手紙でチャップリンに感謝の気持ちを伝えた。

親愛なる友人であるチャーリーへ
『白雪姫』の開発における、あなたの計り知れないほどのアドヴァイスと助けに感謝また感謝を表したくしたためております。
リーヴズ氏（注：チャップリン撮影所支配人）からは最大限の援助とご協力を賜りました。あなたの提供してくれた資料は、わたしたちにとってバイブルでした。それがなければわたしたちは、オオカミの群れの中に放り出されたヒツジのようなものだったでしょう。
あなたへの深い感謝の念を込めて
ウォルト・ディズニー

チャップリンは「皮肉屋や銀行家の奴らに、『白雪姫』について君のことを過小評価させてはいけない。この作品は、君の最大のヒット作になる」[14]と言い続け、実際にその通りになった。公開からしばらく経って、映画ビジネスを教えてくれたチャップリンがわざわざディズニー社の帳簿を見に来たことを、ディズニーは生涯の自慢としていた。
二人の友好関係は、一九三〇年代末になっても変わらなかった。一九三九年三月二四日付のアメリカ各紙に、二人が連れ立って競馬に行っている様子が写真入りで、「世界でもっとも楽しみを与えている二人が、カリフォルニアのサンタ・アニタ競馬場で一緒に写真に収まる」と報道された。

その時のディズニーの回想から、二人の関係がうかがい知れる。チャップリンは、突如競馬場で次回作の中のギャグを披露し始めた。ディズニーは興奮して師の演技に夢中になった。


彼は楽しさでいっぱいの人だった。道化になってストーリーを演じることを愛していた。ある時、サンタ・アニタ競馬場に一緒に行った。彼は次回作の視覚的なギャグを私にやってみせていた。「今、おちびさんがこうやって」とパントマイムをして、「それから、彼はこうする」チャーリーは自分の演技に没頭して、私たちの周囲に群衆が集まって来たことに気づいていなかった。そして、群衆はチャーリーの人物描写のペーソスに心を奪われて、すっかりレースのことなど忘れていた。[15]

二人の蜜月は一九三〇年代を通して続いた。ディズニーはチャップリンから多くを学び、両者はエンターテインメントの巨人として並び立った。

戦争と別れ

師弟とも呼べる深い絆で、映画産業を発展させたチャップリンとディズニーだったが、戦争が近づくとともに二人の友情に隙間風が吹くようになる。

きっかけは一九四一年のディズニー社でのストライキだった。

この頃、長引く不況もありアメリカの労働者たちに権利意識が芽生えつつあった。映画製作者にとっては高騰する人件費と労働運動は悩みのタネだった。

ウォルトは根っからの反共主義者だった。アメリカ中西部の田舎町マーセリーンで過ごした牧歌的な家庭を理想とし、会社とは社員全員が助け合う家族であるべきだと考えていた彼は、労働運動を、「家族的な絆を持つ会社を破壊するためにソヴィエトの共産主義が送り込んだ毒」と決めつけた。運動を押さえ込むために子飼いのアニメーターを使って御用組合を作ろうとしたが、彼の意に反して社内での労働運動に火がつくと、怒り狂ったディズニーは徹底的な組合弾圧に乗り出した。ストライキに参加したアニメーターたちの写真をＣＩＡに提供するなど、常軌を逸したディズニーの強権ぶりに世論は反発した。常に弱者の視点で映画を作っていたチャップリンは、当然ながら心を痛めた。

二人の考えの違いは、第二次世界大戦をめぐってより鮮明になる。

一九三八年ごろから、チャップリンがヒトラーを題材にした喜劇『独裁者』を製作するという噂が流れると、ドイツはもちろんアメリカ国内からも激烈な反発の声が上がった。当時アメリカでは、ヒトラーは不況を克服したリーダーとして大衆的な人気があった。ナチスにソヴィエト共産主義への防波堤としての役割を期待していた政界も、ドイツに多額の投資をしていた財界も、ヒトラーにシンパシーを寄せていた。アメリカだけでなく、ドイツに対して宥和政策をとっていたイギリスも、外務省の役人を派遣してチャップリンに製作を思いとどまるように圧力をかけた。このような公開の目処が全く立たない状況でも、チャップリンは「ヒトラーを笑い者にされなければならなかった」[16]と準備を進めた。

数々の妨害をはねのけて一九四〇年一〇月に作品が公開されると、上映禁止となったドイツ・イタリア・日本以外の国々で記録的なヒットとなった。笑い者にされたことで、ヒトラーのイメージは地に落ち、その最大の武器であったプロパガンダ戦略は大きな打撃を被った。チャップリンは、笑いこそ全体主義の恐怖への大きな武器となることを証明した。(詳しくは、拙著『チャップリンとヒトラー』を参照されたい。)

さて、ディズニーとナチスの関係は、どのようなものだったのだろうか。

ドイツでもミッキーマウスの大ヒットともに、ディズニー人気に火がついた。一九三〇年七月一五日に自国映画産業の保護のために外国のアニメーション映画の公開本数を規制する帝国法が公布されたが、業界団体は人気のミッキーマウス作品を自由に上映したかったので、外国アニメの公開本数規制からディズニー作品を除外したほどだった。

ナチス政権が成立すると、自由なアメリカのキャラクターであるミッキーマウスは、民主派の間では「圧政への抵抗のシンボル」とみなされたのだが、同時に政権幹部がディズニーの熱心なファンだったので「ナチスのお気に入りキャラ」にもなるという奇妙な状況が生まれた。

ナチスがディズニーを愛した理由は大きく二つある。ドイツのメルヒェンを多く映画化したディズニーは、ドイツ国内では「ドイツ人説」も出たほどで、もともと保守派の間で人気が高かった。またメディア戦略を重視していたナチスは、最新技術であるトーキーとテクニカラーを駆使したディズニーのアニメーションを評価しており、彼らのプロパガンダ映画に応用しようとしていたからでもあった。

ディズニーの方も当初はファシズムに反感を示さなかった。一九三五年にディズニーが訪欧した際にはイタリアではムッソリーニと会談し、ヒトラーの台頭が映画界に及ぼす影響については「あまり心配はしていない」と記者たちに答えた。後に一九三八年にドイツがオーストリアを併合した際は、オーストリア国内のディズニー作品をナチスが自由に使えるように兄ロイは許諾を出した。[17]

チャップリンと比べると、ディズニーの態度はずいぶんとナチス寄りに見える。ただ、チャップリンがファシズムと闘う信念を貫けたのは、彼が完全に独立していたことと、圧倒的な人気と財力ゆえのことだった。ディズニーに限らずハリウッド映画人たちはドイツの巨大な市場を失わないようにファシストの機嫌をとらなければならなかったのだ。

とはいえ、その後第二次大戦が始まると、ディズニーは武器商人さながらの道を歩む。さっそく開戦の翌日に海軍から軍用機と軍艦についての二〇本の教育アニメを九万ドルの国家予算で製作受注したのを皮切りに、財務省からは納税促進映画『新しい精神』(一九四二年)の依頼、さらには南米向けにドイツの恐怖を宣伝するプロパガンダ映画も請け負った。

ディズニーは嫌々やらされていた訳ではなく、彼の信じるアメリカの理想を守るために、積極的に戦意高揚映画に携わった。長距離爆撃機の利点を描くアニメーション『空軍力の勝利』(一九四三年)を、国からの依頼ではなく自分の意志で夢中になって製作した。

そんなわけで、一九四三年にはディズニー社の作品の九四パーセントが政府からの受注となり、スタジオは完全に軍需工場と化した。連合軍の反転攻撃の起点となったノルマンディー作戦のコードネームは「ミッキーマウス」であり、戦争とディズニーは分かち難い関係になった。

その後、戦後になって冷戦が始まると、戦勝国アメリカには反共主義の嵐が吹き荒れる。ディズニーは、「赤狩り」の舞台となった非米活動委員会に友好的証人として出席し、商売敵の他社のアニメーターたちを「共産主義者」と名指しして、彼らのキャリアを奪った。対して、平和論者のチャップリンは「共産主義的」とみなされ、激しいバッシングを受けたのは前述した通りだ。非米活動委員会はチャップリンを召喚しようとしていたわけだが、ディズニーとチャップリンが同じ公聴会に居合わせていたら、どんな会話をしただろうか？

組合潰しといい、非米活動委員会での行状といい、あくまで弱者の視点で映画を作ることを貫いたチャップリンと比べると、ディズニーの姿勢は極端に映る。ただし、チャップリンとは違って経済的に独立していなかったアニメ製作者が、戦争から冷戦期にかけてのアメリカで生き延びるための方法は限られていたということも付け加えておかなければならない。

師弟が見ていた同じ夢

二人は、政治的立場だけでなく、ビジネスにおいても異なった道を進んでいく。

一九三四年の時点でディズニー社のキャラクター・グッズの売り上げが映画配給の売り上げを凌いだことはすでに書いた。戦後のディズニーは、もはや映画制作にはあまり興味を示さなくなり、ディズニーランドの建設に邁進する。一九五〇年代以降は自社のコンテンツを利用したテレビ番組「ミッキーマウスクラブ」などでホストを務め、子供たちの番組参加、素人の参加者からの才能発掘、さらに映画や音楽作品とのタイアップなど、現在のテレビ番組機能の大半を開発した。

ディズニーランドは、ウォルトが彼の「理想のアメリカ」を具現化した場所にして、彼が生んだ様々なキャラクターが活躍するキャラクター・ビジネスの王国でもあった。彼の死後は企業買収によってさらにコンテンツを増やし、一九七七年開始の『スター・ウォーズ』シリーズまでもがディズニー社のものになったのは周知の通りだ。

対して、チャップリンはグッズ販売を手広くすることもなく、映画の創作に打ち込んだ。一九七〇年代になって、代表作が世界中でリヴァイヴァルヒットするが、キャラクター・ビジネスには慎重だった。現在でもチャップリン映画のリメイクはほとんど存在せず、心優しい放浪紳士チャーリーのイメージは固く守られている。これは、世界中にあまねくキャラクター・グッズが行き渡ったのと引き換えに、いつしかミッキーマウスから「やんちゃで少し意地悪」という本来の性格が失われてしまったこととは対照的である。

キャラクターの安易な利用を許さないチャップリンは、経済規模においてはディズニーに遥か及ばない。しかし、最近だとウクライナのゼレンスキー大統領がロシアの侵攻に対して「新たなチャップリンが必要だ」と訴えたことを見ても、小さな放浪者は社会的なインパクトを持ち続けている。ミッキーの〈世界を覆い尽くす普遍性〉に対して、チャーリーは〈個々人が共感できる多様性〉を持ち合わせていると言うべきか。

ただし、ディズニー帝国のこんにちの隆盛も、「知的財産を他人に渡すな」というチャップリンの教えを忠実に守った結果であることは言うまでもない。キャラクター・ビジネスは、今も始祖であるチャップリン的な方法とディズニー的な方法の、二つの対照的な流れの間で成長し続けていると言える。

〈四面楚歌になっても立ち向かうか、それとも生きて行くために状況を利用するか〉、そして〈原点を失わずに小さなビジネスとするか、または創業の志を超えて拡大していくか〉といった問いは、単に娯楽の世界だけでなく、多くの人が直面する課題に違いない。

イギリスからアメリカへ、理想を求めて移民として渡り、そして理想のために笑いを武器に戦ったがゆえにアメリカを追われ、放浪し続けたチャップリン。一方、アメリカの古き良き理想を常に思い、その理想を追い求め、永遠のものとしてアニメーションやランドに残したディズニー。いずれの道も、それぞれの理想を求めた結果であり、二人を合わせ鏡にすると現代の姿が立体的に見えてくる複眼の視点のようなものだ。どちらか片方を失うと本質を見失う。

チャップリンのキャラクターはアニメーションの草創期に影響を与え、ミッキーマウスの誕生にも一役買っていた。喜劇王によって確立されたマスメディア時代におけるキャラクター概念は、ディズニーに受け継がれて一大産業へと育っていった。インターネットをはじめとしたメディアで誰もが動画を共有し、キャラクター・ビジネス全盛の現代に、あらためてその始祖たちについて知ることは、現代に生きる私たちに多くの示唆を与えてくれる。

ところで、後ほど触れることになるが、チャップリンが最後に作ろうとしていた作品は、『フリーク』という羽の生えた少女の話だった。ディズニーが最後に真剣に取り組んだ映画は『メリー・ポピンズ』（一九六四年）で、これもジュリー・アンドリュース演じる家庭教師が傘で空を飛んでやってくる話だ。チャップリン家の記録によると、『フリーク』の準備段階でチャップリンは飛翔シーンの参考にするために、『メリー・ポピンズ』をスタッフに上映させている。かつての弟子から教えを乞おうとしていたのだろうか。道を違えたとはいえ、現代のエンターテインメントに新しい命を吹き込《アニメート》んだ二人は、最後に同じ空を飛ぶ夢を見ていた。

1 *Moving Picture World*, 6 Nov 1915.
2 『自伝　若き日々』、三六〇頁。
3 Kevin Scott Collier, *The Chaplin Animated Silent Cartoons*(Burbank: Cartoon Research, 2019), p.24.
4 Gordon B. Arnold, *Animation and the American Imagination: A Brief History*(ABC-CLIO, 2016), p.44.
5 John Canemaker, *Felix: The Twisted Tale of the World's Most Famous Cat*(Da Capo Press, 1996), p.38.
6 伴野孝司・望月信夫著『世界アニメーション映画史』（ぱるぷ、一九八六年）、一九頁。
7 *Silver Screen Magazine*, Nov 1932.
8 Walt Disney, *Autobiography*, unpub, 1934, pp.12-13.
9 ディズニーの事実関係については、特に断りのない場合、ニール・ゲイブラー著、中谷和男訳『創造の狂気　ウォルト・ディズニー』（ダイヤモンド社、二〇〇七年）による。

10 Harry Carr, "*The Only Unpaid Movie Star*" *American Magazine*, Mar 1931, p.57.

11 リチャード・ハブラーによるロイ・ディズニーへのインタビュー。一九六七年一一月一七日。Walt Disney Archives 所蔵。

12 Frank Rasky, "*80 Million a Year from Fantasy*" *Star Weekly*(Toronto), 14 Nov 1964, pp.8-11.

13 ピート・マーティンによるインタビュー。*The Saturday Evening Post magazine*, 7 Jun 1956.

14 Rasky, 1964.

15 *ibid.*

16 『自伝　栄光と波瀾の日々』、四七一頁。

17 カルステン・ラクヴァ著、柴田陽弘・真岩啓子訳『ミッキー・マウス―ディズニーとドイツ』（現代思潮新社、二〇〇二年）、一五四頁。

第6章

チャップリンとヌーヴェルヴァーグ

俗物根性《スノビズム》から遠く離れて

一九五〇年代後半、フランスの新世代の映画作家たちが次々と問題作を発表した。撮影所での助監督経験のない若者たちはキャメラを持って外に飛び出し、新しい感性をフィルムに焼きつけた。既存の映画に対して否を叩きつけるこのムーヴメントは、新しい波＝ヌーヴェルヴァーグと呼ばれることになる。

映画というジャンルに不可逆的な革命を起こしたヌーヴェルヴァーグの若者たちと、彼らの親よりも上の世代である映画界の覇者チャップリンとは、これまで比較して論じられることがほとんどなかった。同時録音や即興演出などの手法を駆使し、手持ちキャメラによる躍動感あふれる映像を生み出した過激な若者たちと、ハリウッド草創期からの喜劇王とは結びつかなかったのだろうか。

しかしながら、実のところヌーヴェルヴァーグの作家たちは、ハリウッドのシステムから距離を置いてあくまでインディペンデント作家であることを貫いたチャップリンを崇拝していた。

彼らの多くは雑誌「カイエ・デュ・シネマ」などで映画論を執筆していた批評家であったが、カイエの主宰者アンドレ・バザンは、チャップリンの特権性を繰り返し指摘した。第1章でも触れたが、彼は放浪紳士チャーリーを現代における神話的人物と位置づけ、映画の枠を越えて同時代の社会への広範囲な影響を論じた。

監督デビューする以前から、過激な批評家として名を馳せていたフランソワ・トリュフォーは、チャップリンの最後の主演作『ニューヨークの王様』を新約聖書と重ね合わせ、革命を逃れてアメリカに来た王様をキリストに、非米活動委員会をヘロデ王に喩えて論じた。彼らの精神的な支柱だったロベルト・ロッセリーニは、『ニューヨークの王様』を見た時、「これは自由人の映画だ!」と叫んだ。アメリカという巨大な市場を失うことを承知で痛烈なアメリカ批判を抱腹絶倒のコメディに仕立てたチャップリン。巨匠の地位に安住することなく、自由に映画を創る姿は若い革命児たちを刺激した。

クロード・シャブロルは、『殺人狂時代』でヴェルドゥが「妻」の一人であるリディアを手にかけるシーンで、窓から廊下に差し込む光が月から太陽に変化したことだけで殺人を表現した演出を、「ぞくぞくするほどの恐ろしさ」と表現し、ヒッチコックと並んでチャップリンからも、サスペンス映画作家として大いに影響を受けたことを語った。

ルイ・マルは、パリを舞台にしたシュルレアリスティクなコメディ『地下鉄のザジ』(一九六〇年)を「私はこの作品をチャーリー・チャップリンに捧げたいと思います」[1]として、公開に先立って彼のためにスイスで試写した。チャップリンはフランス語を理解しないにもかかわらず、映画で描かれた現代生活の混沌を深く理解し、「これは私のやりたいことだ」と絶賛したので、マルは喜びで圧倒された。

ざっと挙げただけでも、これほどまでヌーヴェルヴァーグの作家たちはチャップリンに熱烈な賛辞を捧げているのに、これまで両者を比較して論じられる機会がほとんどなかったのは不思議な話だ。だが、とりわけ我が国の一部の「シネフィル」たちが、過去のある時期、チャップリンの「ヒューマニズム」や「笑いと涙」の作風をウェットだとこき下ろし、他の「純粋な笑い」（そのようなものが存在すればの話だが）のコメディアンを持ち上げておけば良いという風潮があったことも事実だ。

当のヌーヴェルヴァーグの代表的存在であるトリュフォーは、そのような風潮を「俗物根性《スノビズム》」と切り捨てる。彼が『独裁者』について論じた文章を引こう。


今日、『チャップリンの独裁者』をあらためて見かえしてみて、最も心を打つのは、同胞に向かって、世界を明晰な眼でもって見るようにと、心から呼びかけているチャップリンの姿勢である。喜劇作家は喜劇作家らしく、ひとを笑わせる作品に徹していればよいのに、一介のコメディアンが、有名になったから、こんどはひとつ野心的な作品を撮ってやろうとしただけのことだという、きびしい——実は俗物根性《スノビズム》まるだしの——考え方もあるが、わたしはそんなふうに考えるのは、あまりにもいじましくて、いやだ。だが、チャップリンの真の評価は、こうした俗物根性《スノビズム》に根ざした批評にこの作品が見捨てられたことから始まったと言ってもいいのである。[2]

さて、ヌーヴェルヴァーグの作家たちによるチャップリン賛を見てきたが、まだ私たちは最も重要で過激な映画作家と見なされる名前に触れていない。言うまでもなく、ジャン＝リュック・ゴダールである。わざわざここまで彼のことを残しておいたのも、実は彼がとりわけチャップリンに対して熱烈な賛辞を捧げ、それだけでなくその作品群でチャップリンへの言及が多く見られるからである。

まずは、一九六三年に発表した「アメリカ映画作家事典」というエッセイを読んでみよう。

彼はあらゆる讃辞を超えたところにいる。というのも、最も偉大な映画作家だからである。事実、ほかにどんなことが言えよう。いずれにしても、人間的だというきわめて誤解をまねきやすい形容詞を、誤解をまねくことなく受け入れることのできる唯一の映画作家である。[3]

この続きでは、「今日では人々は、ダヴィンチという名を口にするのと同じようにチャップリンという名を口にしている」とその普遍性を指摘するなど、かなりの熱狂ぶりだ。

そういえば、筆者が二〇一二年にローザンヌのエリゼ美術館に立ち寄った時のことを思い出す。エリゼはチャップリン映画のスチールについて、オリジナルのガラス板からプリントする権利をチャップリン家から得て何度か写真展を開催しており、この時もちょうどその最中だった。二〇点ほど並べただけのつつましやかな展示だったがオリジナルからのプリントは価値あるもので、それを見るために「ゴダールさんもたまに来られますよ」とキュレーターは教えてくれた。

チャップリンもゴダールも、エリゼのあるローザンヌからほど近いロールとヴヴェイに住んでいた。赤狩りでハリウッドを捨てた放浪者とフランスでの兵役を逃れてきた疾走者は、国境を抱き多民族と多言語が流れ込むレマン湖を眺めながら創造を深めたわけだ。そんなことをぼんやりと考えていると、なんと驚いたことに、薄いピンク色のシャツに灰色のジャケットを羽織ったゴダール本人がふらりとあらわれた。彼は『街の灯』のラストショットのスチールの前で足を止め、花を手にしたチャップリンの、あらゆる感情が奔流するあのクロースアップに、柔和にして熱い眼差しを投げかけた。数メートル離れたところにいた私は、映画史の巨人二人を捉えたショットと切り返しショット――それこそ、ゴダールとパートナーのアンヌ＝マリー・ミエヴィルの短編のタイトルにもなっている〈シャン／コントルシャン〉をこの目に焼き付けた気持ちになっていた。

しかし、喜劇王へのいくつかの賛辞とたまたま私が目撃した美術館でのゴダールの敬愛に満ちた眼差しだけで、映画史の重要な特異点である両者の関係を論じたことにはなるまい。この章では、これまで不当に軽視されてきたチャップリンからヌーヴェルヴァーグへの影響関係を、とりわけゴダールを例にとって比較検討したい。この二人を――ゴダールにならって言えば――〈モンタージュ〉することで、何が見えてくるのか？

ゴダール『映画史』のチャップリン

「映画史の巨人二人を捉えたショットと切り返しショット」と書いたが、実は、ゴダールの『映画史』（一九九八年）の冒頭にも二人の〈シャン／コントルシャン〉がある。『映画史』には「冒頭から、異常とも思われる頻度でチャップリンが現れ」、「『ゴダールとチャップリン』というひとつの問題体系が明らかに見えてくる」と蓮實重彥は指摘しているが、[4] この大作においてゴダール本人が初めて登場する記念すべきショットに被せて、チャップリンの三つの写真や映像が連続で引用される。のっけから、ゴダールはチャップリンに『映画史』における特権的な地位を与えているのだ。

それら三つの素材はある共通項を持っている。一つ目の『モダン・タイムス』のスチールは、警察の護送車から脱出したチャップリンとポーレット・ゴダードが道端で一息つくところのもの。この直後にポーレットは摘み取った花を彼に見せながら明るく微笑む。二つ目ではチャップリンは一輪の花をピアノの上に置いて、その後狂ったように演奏する。最後に現れる素顔のポートレイトは、一輪の花と放浪者のクロースアップで名高いラストシーンを持つ『街の灯』を撮影していた時期のものだ。つまり『映画史』において、ゴダール本人は、「チャップリンと花」というテーマと共に登場していることになる。

ところで、二番目の引用——チャップリンが一輪の花をピアノの上に置いて演奏する——この馴染みのない映像は、実は喜劇王のフィルモグラフィの中には存在せず、彼がカットしたアウトテイクの中に残されていたショットだ。

納得いく演技ができるまで何十テイクも撮り直した完璧主義者として知られるチャップリンのスタジオでは、膨大なアウトテイクが出た。本人はそんな「NGフィルム」を焼却するよう指示していたが、一部は破棄されずに長年のキャメラマンであるロリー・トサローが保管していた。

チャップリンが赤狩りによってハリウッドを去ったあと、一九五〇年代半ばになって伝説のフィルムコレクター、レイモンド・ローハウアーが買い取り、可燃性のフィルムを自宅の倉庫に置き続けることは危険だということで、ヨーロッパに移送して、これまた伝説的なコレクターにしてシネマテーク・フランセーズの創設者アンリ・ラングロワと共に極秘に管理していた。

一九七七年にラングロワとチャップリンが相次いで亡くなると、映画史家のケヴィン・ブラウンローとデイヴィッド・ギルはこの素材を使って、一九八三年にドキュメンタリー番組『知られざるチャップリン』を製作・放送し、そこでようやくアウトテイクの存在が世に知られることになった。ゴダールが引用したのは、このドキュメンタリー番組の中に使われた『霊泉』のアウトテイクである。批評家から映画監督になった「シネマテークの子供たち」の一人が、親の隠し持っていたお宝を再び映画史の文脈へと戻したというわけか。コレクションとアーカイブこそ映画史の要であることをあらためて意識させる。

それにしてもアウトテイクの引用とはマニアックだが、『映画史』には他にもゴダールのチャップリン狂を感じさせる引用が見られる。たとえば、「2B」のハリウッド批判の文脈で見せる、チャップリン最後の主演作『ニューヨークの王様』（ゴダールは一九五七年のベストテンの一本にあげた）の引用はどうだ。ワイドスクリーンの右端と左端でガンマンが交互に撃ち合う映画を見て、首を左右に振り過ぎて痛めてしまう王様は、『軽蔑』（一九六三年）でワイドスクリーンは「葬列かヘビを写すのに良い」と言ったフリッツ・ラングと共に、ハリウッドの商業主義を皮肉るわけだがその後に挿入される痛めた首をさすりながら映画館から出てくる王様のショットは、一九七二年の再公開時にカットされ、「2B」発表の時点ではソフト化されていなかったアウトテイクだ。

「2A」では、チャップリンのポートレイトに、一九一六年に彼が音楽出版社を立ち上げて発表するも、ほとんど売れなかった自作のチェロ曲のタイトルである「*Oh! That Cello*」という字幕がかぶさり、そこに一九八六年に同曲を初めて録音して同名のアルバムを発売したチェリストのトーマス・ベックマンによる『ライムライト』のテーマ曲を流すという凝り様。

さらに、「3B」で引用される『ライムライト』演出中にキャメラの前で指笛を陽気に吹くチャップリンの写真は、写真家のユージン・スミスが『ライフ』誌の一九五二年三月一七日付チャップリン特集号のために撮影したものの掲載されなかった、これもアウトテイクである。

ゴダールは、マニアックな素材を片っぱしから追い求めるほどのチャップリン熱を『映画史』に注ぎ込み、かの大作の中核をなすテーマを創り上げていったのだ。

ヴェルトフ／チャップリン／ゴダールの〈音=映像《ソニマージュ》〉

このようにゴダールがチャップリンに心酔していたのに対して、残念ながらチャップリンからゴダールへの直接の言及はない（そもそも、チャップリンが他の映画人に言及することは極めて少ない）。しかし、両者には興味深い接点が存在する。あまり知られていないことだが、チャップリンはジガ・ヴェルトフを高く評価して熱烈な賛辞を送っているのだ。

のちに「ジガ・ヴェルトフ集団」を結成して〈政治と映画〉を実践することになるゴダール。彼が生まれて二ヶ月程経った一九三一年二月に、チャップリンは新作『街の灯』のロンドン・プレミアのために一〇年ぶりに故国を訪れた。その後、ドイツ、オーストリア、イタリア、フランスとまわり各地で未曾有の歓迎を受ける。秋になってヨーロッパ各国でのキャンペーンも一息ついた頃、再びイギリスに戻って休暇を楽しんでいた。

一一月に入って旧知のアスター子爵夫人の屋敷でのんびり過ごしていたチャップリンは、彼のために用意された私的な上映に興味を示して、一一月一七日にロンドンの繁華街ソーホー地区にあるユナイテッド・アーティスツの試写室に向かった。

この日チャップリンのために試写されたのはジガ・ヴェルトフの『熱狂　ドンバス交響楽』（一九三一年）だった。ロシア国立文学芸術アーカイヴにはこの時のチャップリンの感想を記した署名入りの文書が保管されている。

> これら機械のサウンドがこれほどまで美しく聴こえるようにアレンジされうるとは知らなかった。今までに聴いたなかでもっとも愉快なシンフォニーの一つであると思う。ジガ・ヴェルトフ氏は音楽家だ。教授たちは彼と言い争うのではなく彼から学ぶべきだ。おめでとうございます。
>
> チャールズ・チャップリン[5]

本文と署名とでは筆跡が異なっており、チャップリンが述べた感想を誰かが書き取り、そこに本人が署名をしたようだ。実験的な手法に賛否が渦巻いていたヴェルトフがチャップリンに応援を求めたのかもしれないが、それ以前にも周囲の反対を押し切ってジョゼフ・フォン・スタンバーグの『救ひを求むる人々』（一九二五年）を世に出していたチャップリンのことなので、若い実験精神を後押ししたい気持ちもあったのだろう。いずれにせよ彼がこのような応援の文書を書くのは異例のことだ。「教授たち」が誰のことを指すのかはわからないが（彼はすぐれた芸人や映画人を「教授」と表現することが多かった）、「言い争うのではなく学ぶべきだ」と若い才能への支援を呼びかけている。

注目すべきは、チャップリンが『熱狂』の先鋭的なモンタージュで表現される躍動感ある国づくりの様子やそこに込められたイデオロギーよりもまずサウンドに注目し、それを「もっとも愉快なシンフォニー」と表現し、ヴェルトフを「音楽家」として讃えている点だ。

すでに、第3章と第4章で、チャップリンは〈映画と音〉の関係を考え抜いた作家であったことを見てきた。トーキーの時代が来ても、すぐに飛びつくようなことをしなかったのは、映像と音の可能性を探究し、また発するべき言葉を獲得するために、時間をかけたからだ。あるいは、サイレント映画が持っていた豊かな音と言語活動を失わないように、注意深く検討していたのだとも言える。

あらためて確認しておきたいのは、「サイレント映画」が「サイレント」であったことは決してないということだ。撮影時に音声が録音されないぶん、音にあふれた賑やかな現場でキャメラは快活なアクションを捉え、前述の通り、映写スピードを自由に変えて笑いや感動を増幅させる多様な演出ができた。加えて、上映時には映画館に必ず演奏者がいて、観客はライブ演奏による豊かな音楽とともにフィルムを楽しんだ。サイレント映画は、多様なテンポの映像のモンタージュに、ライブ音楽を多層的に組み合わせたアートだった。だが、声をもった瞬間に映画は自在なスピードとリズムを失ってしまった。

チャップリンが『熱狂』を激賞したのは、トーキーにおいて、ヴェルトフが安易に言葉に頼らず

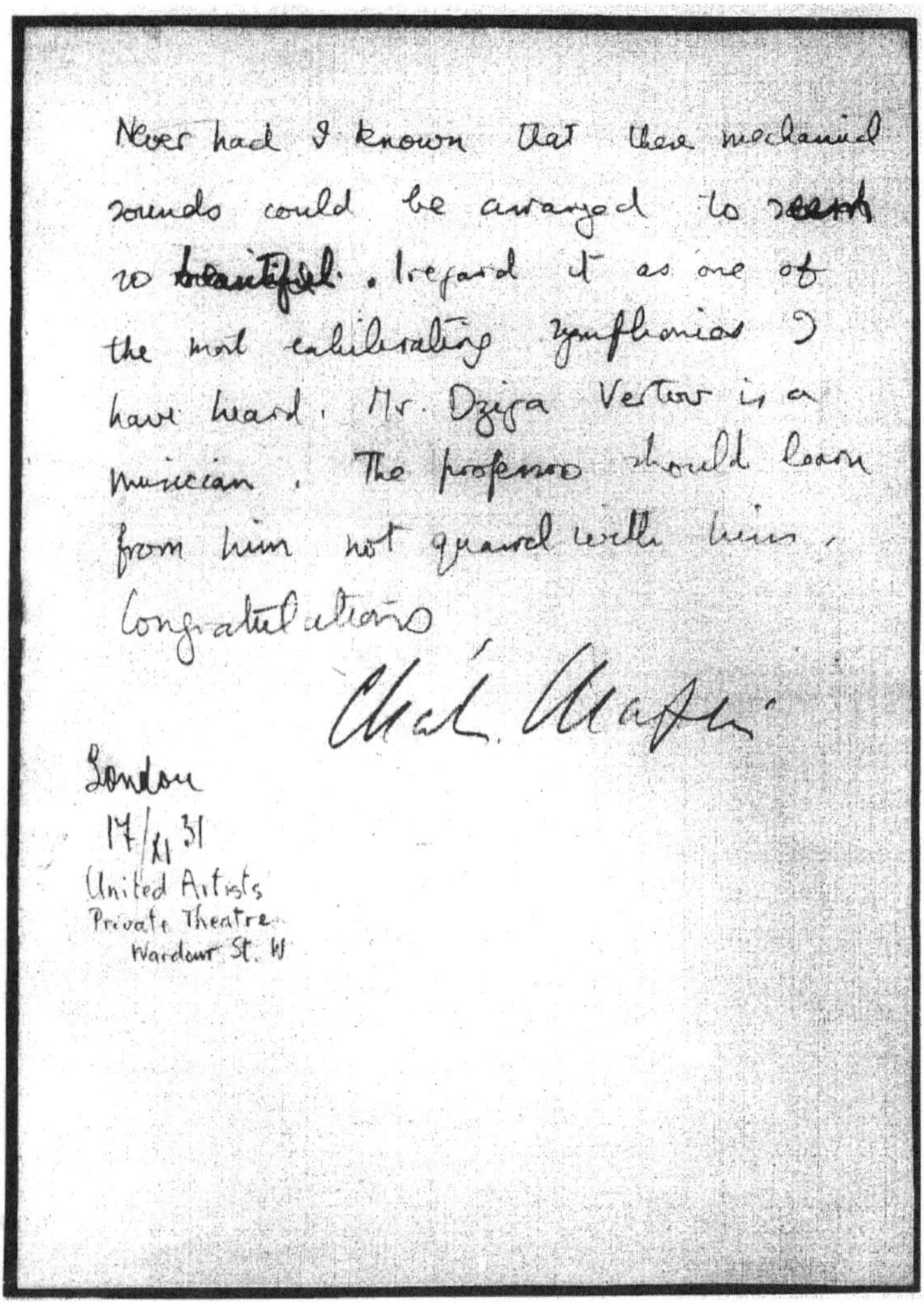

Never had I known that these mechanical sounds could be arranged to sound so beautiful. I regard it as one of the most exhilarating symphonies I have heard. Mr. Dziga Vertov is a musician. The professors should learn from him not quarrel with him. Congratulations

Charles Chaplin

London
17/XI 31
United Artists
Private Theatre
Wardour St. W

チャップリンの直筆サイン入りの、
ジガ・ヴェルトフの『熱狂　ドンバス交響曲』への推薦文。BGALI 所蔵。

〈映像と音〉の関係の可能性を追求する姿勢を持っていたからであろう。当時公開中だった『街の灯』の音楽は、映像の内容を捕捉説明するものではなく、映像に対して対位旋律となって新たな価値を生み出すようなものであった。チャップリンは、ヴェルトフの映像と音の使い方に、自分と同じ問題意識を見て取り、トーキー時代の可能性を感じたのだろう。『熱狂』における、薪を割るリズム／行き来する石炭を乗せたゴンドラ／闇の中で光る鋼鉄などの映像のモンタージュと、鉄道の車輪／勢いよく吹き出す蒸気／スローガンを叫ぶ声などの音に、ショスタコーヴィチの音楽を重ねる演出。まさに映像と音がぶつかり合う熱狂に、「愉快さ」を感じたというのはチャップリンによるヴェルトフへの最上の批評である。

サイレント映画時代からトーキー初期にかけてチャップリンやヴェルトフが追求した音と映像の重層的な演出は、ゴダールの音=映像《ソニマージュ》の実践へと引き継がれていくだろう。

ゴダールは、サイレントからトーキーへの移り変わりについて、「映画の言語活動《ランガージュ》が失われて、言語《ラング》、言葉が優勢になりました」[6]と指摘する。声を持ったことで、単調なテンポの映像を言葉で説明した映画が濫造された。チャップリンとゴダールは、トーキーとともに映像表現による言語活動《ランガージュ》が貧しくなってしまったことを憂えたのだ。

映画における声と権力の関係について、第4章で、『モダン・タイムス』の工場のシーンにおいて、権力のみが声を持ち弱者の声が聞かれることはないという社会のギャップが描かれていることに触れたが、ゴダールも「目と言語《ラング》=舌とのあいだには、激しい闘いがあります。目とは人民であり、言語=舌とは政府です」[7]と、問題意識を共有している。

あるいは、チャップリンの音楽の使用法——ここで再び、『独裁者』でワーグナーに乗せて独裁者が地球儀の風船と戯れ、その直後にユダヤ人の床屋がブラームスに合わせて髭を剃る流れを思い出そう。独裁政治に絡め取られていた音楽を唐突に断ち切ることで解放し、民衆の元へと届ける。叙情的な音楽でたっぷりと画面を満たしたかと思えば、暴力的に切断して沈黙の刻印を押す。この手法はとりわけ『右側に気をつけろ』（一九八七年）以降のゴダールにおいてますます先鋭化される。

チャップリンが追求した映像と音の〈対位法〉、彼がヴェルトフに見出したトーキー時代の映像と音の重層的な演出、それらはゴダールに引き継がれてますます大胆にかつ繊細に研ぎ澄まされていく。チャップリン、ヴェルトフ、そしてゴダールは、〈映画と音〉の問題を突き詰め、「愉快なシンフォニー」を奏でた数少ない映画作家だった。

映像の毒

これまで何度か触れてきたが、『独裁者』において、ついにチャーリーは〈声〉を獲得する。ラストシーンで、独裁者に間違われたユダヤ人の床屋は、大群衆を前にして六分にわたって平和と民主主義を訴える演説をする。当初の構想では、床屋がラジオを通じて各国の民衆に呼びかけるショットと、それぞれの国で演説のメッセージに応じる人々の様子とが交互に映される〈シャン／コントルシャン〉で構成される予定だった。だが、チャップリンは映画的には正統な当初のアイディアを破棄し、キャメラに向かって延々と喋り続けるという荒唐無稽なシーンを撮影する。劇中の「床屋」という役柄を離れ、必死の形相で訴えかけるチャップリンその人。彼の声がラジオで全世界に届いているという設定にもかかわらず、ノイズを入れるなどの映画として当たり前の音声加工も行われていない。演説の後、床屋はポーレット・ゴダードが演じる恋人のハンナに語りかけるが、切り返されたはずのハンナは「Listen!（聞きなさい）」と彼の訴えを聞くようにと観客に念を押すのみだ。映画的に有効な切り返しショットがないため、切り返されるのは観客である私たち自身となり、その愚直なまでのメッセージが直接私たちに届く。

映画の枠を超えるこのラストシーンに、ゴダールは「シネマ・ヴェリテの創出」を見る。

『チャップリンの拳闘』におけるワンシーン・ワンショットの創出から『チャップリンの独裁者』のラストの演説におけるシネマ＝ヴェリテの創出へと、チャールズ・スペンサー・チャップリンは、映画全体の周縁部にとどまりながら、結局はその周縁部を、ほかのすべての映画作家がほかのノートに書きこんだものを集めたものよりも多いもので満たしたのである。[8]

ゴダールは、チャップリンのデビュー二年目の初期作『拳闘』（一九一五年）で、チャンピオンのボクサーと放浪紳士チャーリー扮する挑戦者のマッチが、一ラウンドずつワンシーン・ワンショットで撮られていることに着目する。そしてその即興喜劇が、後年の代表作『独裁者』のラストの演説へと繋がっていくと説く。かの演説シーンはメッセージ性でのみ語られることが多いのだが、それは即興喜劇におけるワンシーン・ワンショットに端を発する映画術の発露であり、二五年にわたる放浪紳士の歩みがシネマ・ヴェリテを創出したという見立てはゴダールの慧眼だ。

ところで、映画史でキャメラに向かって言いたいことを言った人物がもう一人いる。もちろん、『勝手にしやがれ』（一九六〇年）のジャン・ポール・ベルモンドだ。彼が演じるミシェルは車を盗んだ逃避行の最中、気ままに「パ、パ、パトリシア！」とガールフレンドの名を叫んだかと思うと、キャメラを見据えて「勝手にしやがれ」と言い放つ。名前を呼ばれたはずのジーン・セバーグも、何か気の利いた返答の台詞でも発して劇世界を完結させればいいものを、「最低って何？」とキャメラに向かって問いを放り投げるのみだ。チャップリンは『独裁者』の共演者ジャック・オーキーに「シーンを独り占めしたかったら真っ直ぐキャメラを覗き込むんだ」[9]と教えたが、その教えを受け取ったゴダールは二〇年後に新しい波を起こして映画を独り占めにした。チャップリン／ベルモンドがキャメラに向かって喋る時、フィクションの嘘に亀裂が走り、そこから映画の真実《シネマ・ヴェリテ》が噴出する。

むろん、それはありもしない「ありのまま」を映したドキュメンタリーが捉える「現実」とは程遠い。「ドキュメンタリー映像には毒が入っている」[10]と看破したチャップリンに倣って、ゴダールはニュース映画の嘘を告発する。『軽蔑』では、「世界の目と耳」を自称していたパラマウント・ニュースのエンディング映像——キャメラマンがキャメラのレンズを観客へと向ける有名なショット（「4B」にも引用されている）を、冒頭で反復し、その後、本編が始まる。つまり、「ニュース映画のエンディング」に象徴されるドキュメンタリー映像のさらに続きに、フィクショナルな映画（と、それが暴くべき毒）があることを示しているのだ。二人は映画というジャンルそのものの毒を意識的に批評しながらシネマ・ヴェリテを追い求めたのだった。

『キッド』と『アワーミュージック』

強制収容所を撮れなかったニュース映画。その存在を予見した『独裁者』。『映画史』「2A」と「4B」で、ゴダールはちょび髭の放浪者とヒトラーとを交互に見せて、全体主義の悲劇を前もって見せることができたのは、ドキュメンタリーではなく喜劇映画であったことを改めて確認する。[11]

チャップリンもゴダールも映画において政治と戦争の問題に真正面から取り組んだ作家だった。チャップリンは、幼少期にあった第二次ボーア戦争についてのちに『チャップリン自伝』で回想し、第一次世界大戦を題材に史上初の厭戦映画とも言われる『担へ銃』を撮り、第二次大戦中には『独裁者』でヒトラーに立ち向かい、『ニューヨークの王様』で冷戦を生々しく描いた。そこでバトンが渡されたかのようにゴダールは、『小さな兵隊』（一九六三年）でアルジェリア戦争の実相を捉え、一九六〇年代にはヴェトナム戦争と対峙し、七〇年代にはキャメラを持ってパレスチナへと向かう。冷戦後のドイツを舞台にした『新ドイツ零年』（一九九一年）を経て、一九九二年のボスニア・ヘルツェゴヴィナ紛争勃発後はサラエヴォの問題を集中的に描いた。

このように見ると、チャップリンとゴダールとで一九世紀の帝国主義戦争から二一世紀型の民族紛争に至るまで、映画の発明以降の主要な戦争を描いてきたことになる。

その掉尾を飾る『アワーミュージック』（二〇〇四年）は、『カメラ・アイ』（一九六七年）ではヴェトナムに行けず、出演者だったパレスチナ解放機構のメンバーが殺されたことで『勝利まで』（一九七〇年撮影）を完成させることができなかったゴダールにとって、戦争についての思考と実践の総決算ともいうべき作品だ。

本作はダンテの『神曲』に倣った三部構成だ。冒頭の七分の一を占める第一部「王国1：地獄」篇では、さまざまな戦争と殺戮の映像がこれでもかと連ねられ、後半に新約聖書の「主の祈り」とともに救済のイメージも挟まれる。第2部「王国2：煉獄」篇では、ゴダールがサラエヴォを訪れて学生たちを相手に映画について語る。そこで出会ったオルガという学生は、別れ際に彼女が撮影したDVDをゴダールに渡す。スイスの自宅に戻ったゴダールは、オルガがイスラエルで射殺されたことを聞く。第3部「王国3：天国」篇では、オルガの訃報を受けて、天国のイメージが展開される。

『アワーミュージック』にはチャップリンからの興味深い引用がある。ちょうど中程で、学生向けの講演が行われる建物にゴダールが入っていった後、筋とは無関係な飲食店の内部を捉えたショットが挟まれる。その店の壁に、チャップリンの『キッド』のポスターが貼られている。放浪紳士チャーリーとオーバーオール姿のジャッキー・クーガン演じるキッドが、階段に並んで座る有名なショットだ。そのポスターを中央に据えたショットが一九秒間も続く。映画と戦争について語る前に、チャップリンを召喚したというわけだ。

ゴダールは学生たちに、戦火にさらされ廃墟となった街の写真を見せる。学生たちは、原爆後の広島かあるいはコソボの写真かと思うが、それは一八六五年の南北戦争の際のリッチモンドの写真だった。戦火の後の街の写真は、いったいそれがどこを写した写真なのか区別がつかないほど破壊されているのだ。ゴダールは、一枚の写真で歴史上繰り返されてきた戦争の愚かさを示す。

もう一つ「区別がつかない」写真の例として、ゴダールはハワード・ホークス監督の『ヒズ・ガール・フライデー』（一九四〇年）のロザリンド・ラッセルとケイリー・グラントをそれぞれ写した二枚のスチール写真について、「ハワード・ホークスの映画の写真を見ると、同じ写真を二度使ったように見える。監督が女と男の違いを区別できなかったからだ」と論じる。片方の手にラッセル、もう片方にグラントの写真を持って見比べながらその話を聞く学生たち。

ただし、ゴダールが「同じ写真を二度使ったように見える」と言っているその二枚の男女の写真は、元は一枚のスチール写真（留置所近くの記者室で二人があちこちに電話をかけるシーンを捉えたもの）であり、ラッセルとグラントそれぞれの部分だけを切り取って拡大したものなので、その意味ではある事象を部分的に切り抜いて存在させる編集の暴力を告発しているとも言える。

その後、ゴダールは「歴史の二つの様相」について語る。イスラエル建国という一つの歴史的事実をめぐって、「一九四八年、水を渡って約束の地を目指したユダヤ人」と、同じ時に「水を渡って溺れたパレスチナ人」を対比させる。シャン／コントルシャン。モンタージュを持つ映画だけが歴史を描くことができるのだというゴダールの考えが展開される重要なシーンだ。

実はその話に入る前に、ゴダールは唐突に聖女ベルナデットの話をしている。第二帝政期の農家の娘ベルナデットが南フランスのルルドで聖母の出現を体験したという有名な奇蹟譚だ。当地の修道院長と司教は彼女にいくつかの有名な宗教画を見せて「お前が見たのはこのお方か？」と聞くが、ベルナデットはどの絵も違うと言う。しかし、「カンブレーの聖母」を見せた時、娘は「このお方です」とひざまずく。一四世紀に描かれた「動きがなく、深みも技巧もない聖なるもの」。

この挿話をゴダールが語っている最中、やはり唐突に小さな女の子が階段に座って宗教画集をめくくるショットが挿入される。自分が見た聖母を画集で探すベルナデットだ。しばらくしてアップになると、彼女はオーバーオールを女性向けにスカートにしたショートオール姿であることに気づく。すなわち、ジャッキー・クーガンのキッドのイメージを引用しているのだ。聖母を探す孤児としてのベルナデット＝キッド。

それにしても、なにゆえにキッドが？——と、ここで私たちは、ゴダールがポスターとクーガンのイメージの引用を重ねて召喚した『キッド』もまた『神曲』の構成を持っていたことを思い出す。チャップリン主演作としては例外的に冒頭から六分の一のあいだ彼は登場せず、エドナ・パーヴァイアンス演じる未婚の母親が貧困ゆえに生まれたばかりの子供を捨てるという地獄が描かれる。その途中にゴルゴタの丘をのぼるイエス・キリストが一瞬映され、『アワーミュージック』同様に救済のイメージが挟まれる。

その後、放浪紳士チャーリーと五歳になったキッドとの、日々の生活の苦闘が始まる。幼い子供に窓ガラスを割らせて、ガラス屋のふりをして稼ぐなど、生きていくために最低限の悪事を働かなくてはならない煉獄。

『アワーミュージック』ではゴダールと別れた後オルガは死んで楽園に転生するが、『キッド』でも同様にチャーリーから引き離されたキッドは、突如始まる「天国」篇で翼を得てチャーリーとともに空を飛ぶ。ピアノ線で吊るされた撮影技術の「技巧のなさ」。しかし、その二人が飛翔する姿のなんと聖なることよ。

片方の手に『キッド』、もう片方の手に『アワーミュージック』と並べた時、たとえば互いの「地獄」篇での「戦争と殺戮（『アワーミュージック』）」と「母親が子供を捨てる生活苦（『キッド』）」とが対比されることになるだろう。ここで、チャップリンが『自伝』に書いた幼少期の第二次ボーア戦争の記憶を読み返してみる。幼いチャップリンは、イギリス帝国軍による南アフリカでの先住民に対しての激烈な戦闘をいろいろな大人たちから聞かされたが、「母だけは例外で、戦争のことは一切口にしなかった。母には戦うべき自分のいくさがあったのである」[12]。この〈シャン／コントルシャン〉でもって、ゴダールは戦闘行為の映像を連ねるだけでなく、国同士の愚かな殺戮と極貧のなかでの人の生活の戦いとを『キッド』を媒介にモンタージュすることで、より重層的に歴史と人間とを描く。ゴダールがチャップリンに捧げた「人間的だというきわめて誤解をまねきやすい形容詞を、誤解をまねくことなく受け入れる」という賛辞は、ゴダール本人のためのものでもある。

さて、チャップリンと花で始まった『映画史』は、さまざまなもの・ことをモンタージュで結びつけまた切断した上で、もう一度チャップリンと花へと大きく回帰するだろう――もちろんゴダールはその途上で、「2B」において『街の灯』のラストで花を持つ放浪者を引用することを怠らない。「3B」では『ライムライト』の老喜劇役者カルヴェロが花を一輪手にして舞台を務める夢を見るシーンを引用する。そして、ゴダールも、カルヴェロと同じく花を一輪手にする夢を見ることで彼の映画史を締め括る。「もしもある人が夢の中で楽園を横切り、そこにいたことの証しとして花を一輪もらい、もしも目覚めた時手にその花があったとしたら」とのボルヘスの引用に続いて、「その人とは私のことだった」と、先に同じ夢を見たチャップリンからもらった花とみずからとを重ね合わせ、彼は大胆

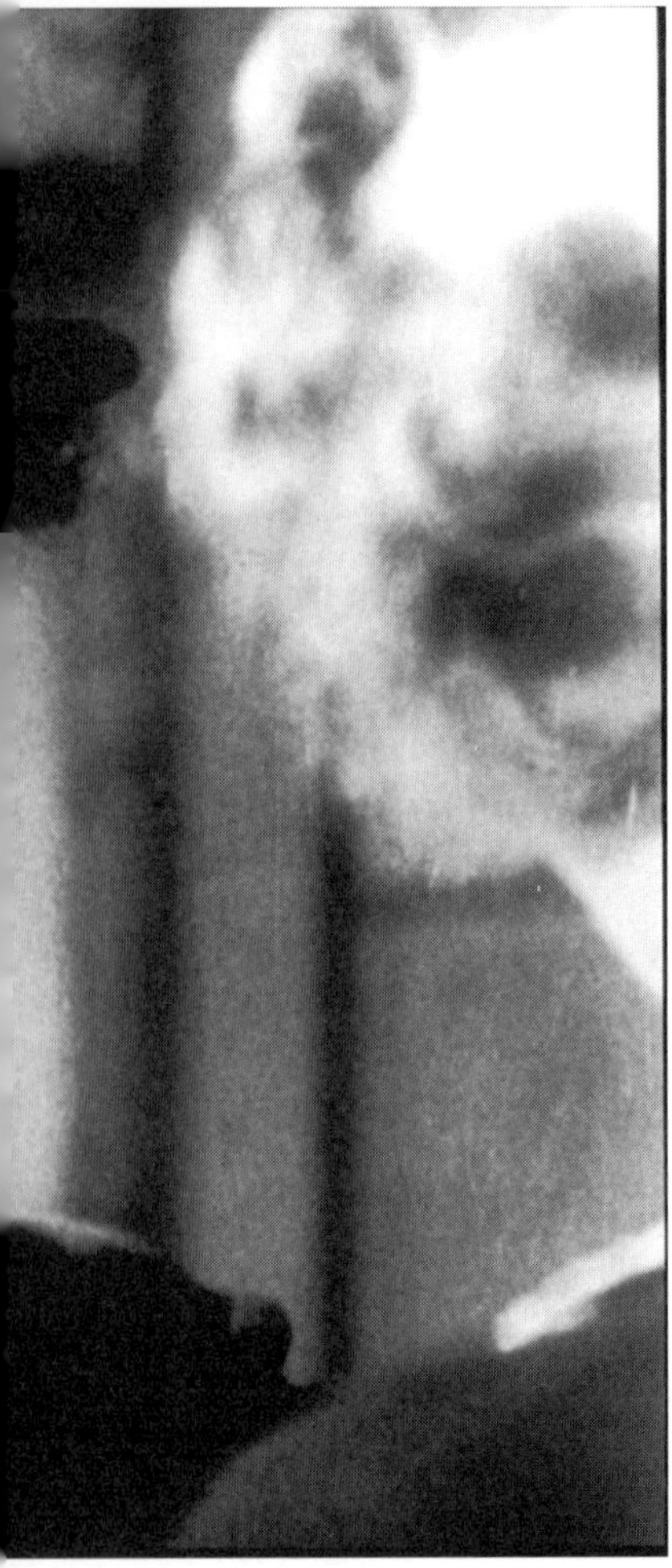

にも『街の灯』のラストを再現する。「『映画史』に登場する男優のなかで一人だけ、花を一輪手に持つと絵になる人[13]」である喜劇王を、「ほとんどチャップリンになったつもりで[14]」模倣するゴダール。むろん、愛に溢れた無邪気な遊びに見えて、『街の灯』のモノクロの画面では白く映る一輪の花のために、彼はあえて白い花を持たずにモノクロで美しく白く映える黄色い花を持つことで、今では失われた白黒映画時代の色彩感覚を今に伝えることを忘れない。「今もなお新しいチャップリン」と「映画の革命児ゴダール」。だが、二人の本当の新しさとは、映画史を愚直に今につなごうとする彼らの古さではなかったか。

　片手にゴダール、もう一方の手にチャップリンを持って対比すること。「一人の男と一人の女、それに一台の自動車[15]」で映画ができると言った男と「公園一ヶ所と、警官ひとり、美しい娘ひとり[16]」さ

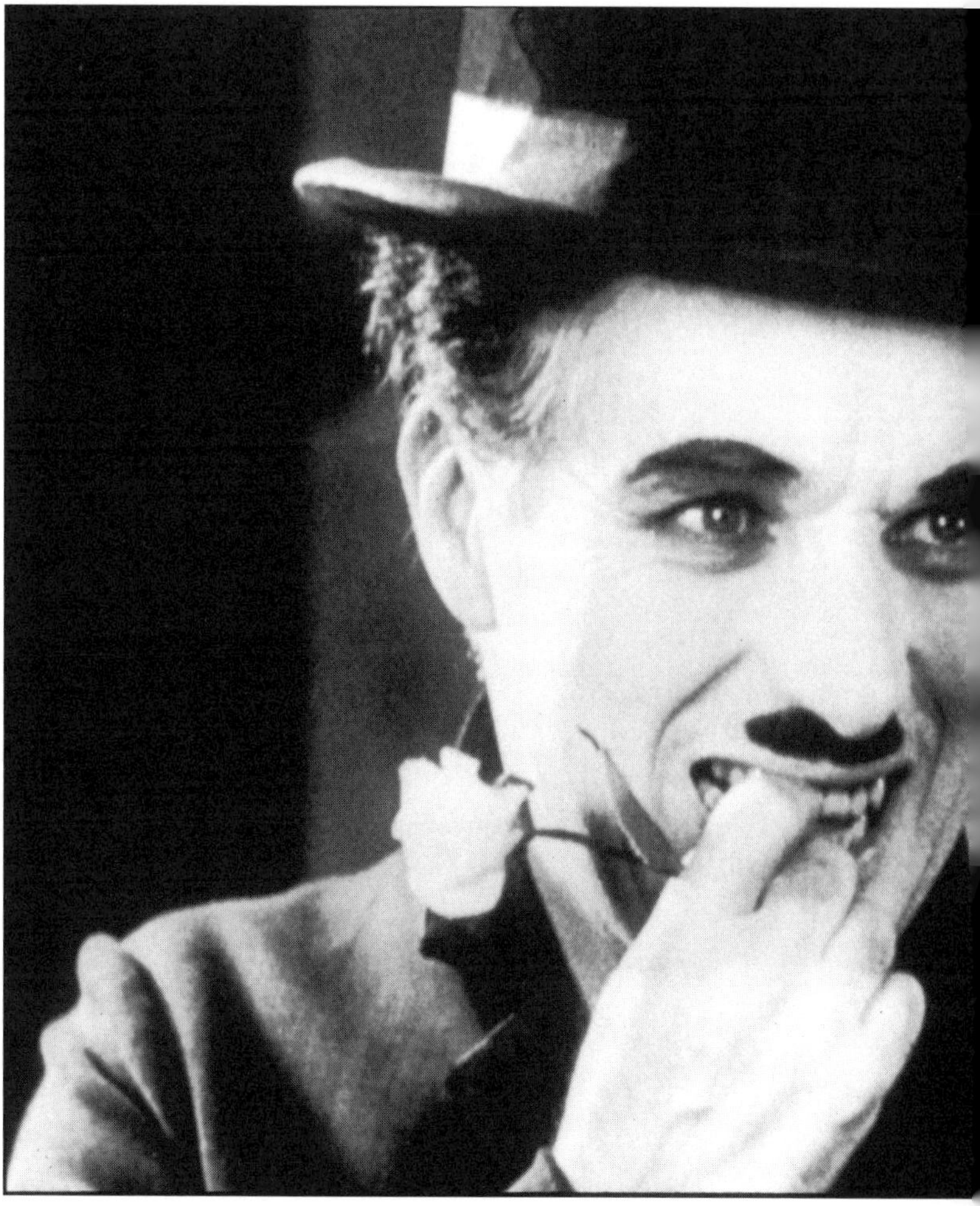

『街の灯』のラストシーン。一輪の花を持つチャーリー。

えいれば喜劇は作れると言った男。ひょっとしたら一枚のスチールのある部分を切り取って、無理矢理引き離してきたかもしれない両者を、あらためて〈シャン／コントルシャン〉とモンタージュすることから、新世紀のシネマ・ヴェリテが創出される。

1 「実際、私はこの作品をチャーリー・チャップリンに捧げたいと思います。(試写を見たときのチャップリンの反応は) 素晴らしいものでした。私の途方もない夢を超えていました。彼は原作を読んでいなかったし、フランス語を話しません。だからセリフはわからなかった。しかし、彼はフィルムが描いていることや、現代の生活のひどいビジョン、つまり登場人物を翻弄するパリの混沌とした馬鹿騒ぎに、正確に衝撃を受けていました。彼は本当に理解していました。彼は、彼の近作と明らかにリンクしていると感じたのです。まさしく彼が自分でやりたいことなのです。チャップリンはザジを演じた一〇歳の少女に衝撃を受けていました。」一九六〇年一〇月二七日、『地下鉄のザジ』パリ公開前日に行われた、ジャーナリストのマリオ・ブヌアによるインタビューより。

2 フランソワ・トリュフォー著、山田宏一・蓮實重彦訳『映画の夢　夢の批評』(たざわ書房、一九七九年)、一四五頁。

3 *Cahiers du Cinéma*, No.150-151, Jan 1964. 翻訳は、奥村昭夫訳『ゴダール全発言』(筑摩書房)、五七一頁による。

4 蓮實重彦著『映画への不実なる誘い　国籍・演出・歴史』(NTT出版、二〇〇四年)、一九三―四頁。

5 RGALI所蔵。f. 2091, op. 1。

6 ジャン＝リュック・ゴダール著、堀潤之訳「映画と歴史について」四方田犬彦・堀潤之編『ゴダール・映像・歴史 『映画史』を読む』(産業図書、二〇〇一年)、九頁。
7 同書、一〇頁。
8 *Cahiers du Cinéma*, No.150-151. 前掲部の続き。
9 *New York Post*, 2 Apr 1940.
10 「週刊公論」一九六一年八月一四日号。
11 「ユダヤ人が毒ガスなどで殺されたが、そこに映画はなかった。しかし、『チャップリンの独裁者』から『ゲームの規則』に至る映画は、その悲劇のすべてを告発している」。J＝L・ゴダール「映画はその役割を果たす術を知らなかった」「現代思想」臨時増刊号『総特集 ゴダールの神話』(青土社、一九九五年)、一〇頁。
12 『自伝 若き日々』、一一六頁。
13 蓮實、前掲書、一九三頁。
14 同上。
15 『ゴダール・映像・歴史 『映画史』を読む』、四頁。
16 『自伝 若き日々』、三六〇頁。

第7章

チャップリンと歌舞伎

二つの手がかり

チャップリンの名作『街の灯』が、歌舞伎になっていたと知って驚いた。二一世紀になったばかりの年の元日のことだ。その日、二〇〇一年一月一日の「朝日新聞」を開くと、新春特別インタビューで歌舞伎俳優の七代目市川染五郎丈（現・十代目松本幸四郎丈）が、「歌舞伎は敷居が高いものと思われがちですが、戦前にはチャップリンの『街の灯』も歌舞伎になっていたのですよ」と発言していた。

当時、大学院生だった筆者は、ロンドンの英国映画協会（ＢＦＩ）でチャップリンのアウトテイクの研究をしており、また毎月歌舞伎座や京都南座に芝居を見にいく歌舞伎ファンだったのだが、まさかその二つが結びつくとは思ってもみなかった。日本におけるチャップリン受容のなかでも、極めてユニークで興味深いこの件について早速調べ始めた。

『街の灯』の歌舞伎版を探し出すにあたって、手がかりは二つ考えられた。

一つ目は、上演時期である。

『街の灯』は一九三一年一月三〇日にロス・アンジェルスでワールド・プレミア上映された。権利金が高かったこともあり、日本では遅れて一九三四年に初上映されている。染五郎丈は「戦前に」と言っていたので、一九三四年から四一年までのあいだに上演されたのだろう。

二つ目は、タイトルだ。

『街の灯』というタイトルそのままかもしれないし、あるいは「盲目花売娘物語」や「＊＊所縁花」など歌舞伎らしい外題になっているかもしれない。『ハムレット』が仮名垣魯文作で浄瑠璃『葉武列《はむれっ》土倭錦絵《とやまとのにしきえ》』になり、『シラノ・ド・ベルジュラック』が新国劇で『白野弁十郎』になっていたことを思えば、「茶布林」などの当て字になっている可能性もある。

そんな推測をしながら、一九三四年から四一年までの新聞の芸能欄ページをめくっても、毎月の歌舞伎評や情報が掲載されていた月刊誌「演藝画報」や映画雑誌「キネマ旬報」にも、それらしいものは見あたらなかった。

それもそのはずで、私が考えた手がかりは二つとも外れていて、『街の灯』の歌舞伎版は、ワールド・プレミアのわずか半年後の一九三一年八月の歌舞伎座で、しかもタイトルは『蝙蝠の安さん』として上演されていたのだ。これでは見つかるはずもない。

しかし、この「二つの手がかりが間違っていた」という点にこそ、〈チャップリンと歌舞伎〉の本質が存在することがわかってくるだろう。順を追って見ていこう。

日本におけるチャップリン受容

当時、日本においてもチャップリンは人気の絶頂にあった。

一九一四年二月二日に『成功争い』で映画初出演したチャップリンだが、日本で初めて紹介されたのは、デビューからわずか五ヶ月後の「キネマ・レコード」一九一四年七月号のことだ。そこではチャップリンは変凹君《へんぺこくん》と呼ばれ、デブ君と呼ばれていたロスコー・アーバックルとの対比で「デブ君のあの肥満した体格と変凹君の奇妙な容貌、それにあの肩で風を切って歩く動作が思わず失笑する種となります」とキャプションがつけられている。「変凹君」という愛称がつけられ、その「奇妙な容貌」と「歩く動作」が指摘されていることからも分かるように、日本でも当初からチャップリンの特異な扮装と演技が注目されていた。

次についたあだ名は「アルコール先生」だった。一九一五年の『アルコール先生海岸の巻』の神田錦輝館の広告（大正五年）では、「グニャグニャ喜劇」と銘打たれている。やはり、それまでの喜劇とは違って「グニャグニャ」に見えるような特異な身体芸が注目されていたのだ。こうして日本でも人気者になり、大正五年の正月からはチャップリンを中心に喜劇作品を集めた「ニコニコ大会」が始まった。

デビュー二年後の一九一六年、チャップリンは映画スターとして当時史上最高の契約金でミューチュアル社に移籍した。日本でも、その前後のチラシは、契約金の話題で持ち切りだ。この年、大衆娯楽の世界でも、夫婦漫才コンビ「日本チャップリン」（夫は洋服にちょび髭で、妻は和装だった）

が人気を博すなど、チャップリンは社会現象になりあちこちにモノマネ芸人が登場するほどだった。[1]

その後、前述の通り、チャップリンはドタバタ喜劇の俳優にとどまらず、心優しい「放浪紳士チャーリー」のキャラクターを確立しその芸術性が評価されるようになる。日本でもそのような評価が見られるようになるのだが、『担へ銃』のチラシに書かれた、チャップリン伝はその典型だ。まず、貧しい生い立ちとイギリス軽演劇での修業時代に触れた後、映画デビューしてから「チャップリン君は独特の扮装」が「忽ち世界の注目の的」となり、その後一九一七年頃から「著しく人道主義的色彩を濃厚にして来たが、『犬の生活』以後の作品には益々人生の為の芸術」とする「チャップリン君の努力が認められる」とある。

しかし、その後、日本におけるチャップリンの受容は世界的に見て独特なものとなっていく。『黄金狂時代』は、喜劇王三六歳の脂の乗り切った無類に楽しい身体芸の連続だが、日本のチラシではなぜか「白髪の苦労」で作られた「淋しい」映画だと宣伝されている。その次の作品『サーカス』の武蔵野館の封切チラシでの宣伝文句「二ヶ年有半の苦衷、頭髪に淋しき霜、語り得ぬ血涙を秘めて『サーカス』は終に我等が許に来る！　君よ、聴かずや、人類の煩悶悲哀を我等に代わりて天に訴ふる彼が魂の悲曲を！」などは、喜劇映画のものとは到底思えない。当時の日本人は、彼の〈情〉と〈涙〉の部分を強調して受容していたわけだ。

その後、時代はトーキー映画へと移り変わり、それまで人気を誇ったサイレント喜劇の俳優たちは急速に没落していく。

チャップリンはサイレントとトーキーの二つの時代においてスターであり続けた稀有なコメディア

ンだったわけだが、日本での評価は以前に増して特権的なものとなっていった。日本の批評家たちは、当時のいわば「流行り物」のトーキー映画よりも、サイレント映画の方が表現形式として優れていると考えていた。例えば、「キネマ旬報」一九三一年二月二一日号で清水千代太は「より少い台白《せりふ》への転向」という題で、サイレント映画の『街の灯』やトーキーながら台詞の少ないジョセフ・フォン・スタンバーグ監督の『モロッコ』（一九三〇年）について、言葉に頼らない映像の芸術性を指摘し高く評価している。インテリたちは、サイレント芸術にこだわる喜劇王を、映画という娯楽を芸術へと引き上げた哲人とみなしたのだ。

それゆえに、チャップリン映画は、文学や演劇などの「高尚な芸術」と結び付けて論じられるようになり、その人生は演劇作品の題材にまでなった。一九三一年五月には東京の新歌舞伎座で、辰巳柳太郎主演の『チヤツプリン』なる演劇作品が新国劇によって上演された。喜劇の創作における苦悩など、彼の人間性を描いたオリジナル作品だった。

もちろん、トーキーに抵抗するチャップリンを「大芸術家なんてものは古来解らず屋ときまつてらアね」[2]と揶揄する声もあったが、一介の喜劇俳優が「大芸術家」と認識されていた事実は注目に値する。

だが同時に、一般庶民にとっては、いまだもっとも有名で身近な喜劇俳優でもあった。例えば雑誌「映画と演劇」に連載されていた「海外映画界ニュース」には、一九三一年当時世界旅行中だったチャップリンの様子が逐一グラビアページにて紹介されている。同年六月号では「又チャーリー」との見出しでヴェネツィアで歓迎攻めの写真が掲載され、同年八月号「フランスのシャルロ」では「ど

チャップリンと初代中村吉右衛門。
1932 年 5 月、東京・歌舞伎座にて。

うも毎号一つはチャプリンの滞欧スナップを出さないと編集者の気がすまん」とある。チャップリンの写真を出せば、雑誌が売れたのだ。

つまり、このころのチャップリンは、インテリ層には芸術哲学者として、一般庶民にはドタバタ喜劇の人気スターコメディアンとして、幅広い層から圧倒的な支持を受けていた。『街の灯』の歌舞伎化の背景には、他の映画人にはない、チャップリンの特殊な受容のされ方があった。

『街の灯』と『蝙蝠の安さん』のあいだ

当時最高の台本作家の一人であり、『近世劇壇史』『明治座物語』の著作などで知られる劇壇史家でもあった木村錦花は、一九二八年八月の納涼歌舞伎のために『東海道中膝栗毛』、翌年八月には『木曽街道膝栗毛』、その翌年八月には『九州道中膝栗毛』と、三年連続で「弥次喜多」物を書いていた。いずれも、十返舎一九の原作を、宝塚少女歌劇団（現・宝塚歌劇団）による日本初のレヴュー『モン・パリ〜吾が巴里よ！〜』（一九二七年）に触発されて大幅にショーアップして翻案したものだった。

三年連続でレヴュー・アレンジの弥次喜多ものが成功したのを受けて、松竹の大谷竹次郎社長は、一九三一年の「吉例八月納涼歌舞伎」のために、「肩の凝らない笑劇を」書いて欲しいと木村に注文した。[3] しかし、『『弥次喜多』は三年続けたし、一寸種切れの形」だったので、木村は題材に悩んだ。

そんな折、「色々工夫していると、或る人がチャップリンの『街の灯』の話をしていました」と、ちまたで話題になっていた喜劇王の新作のことを聞いた。木村も「活動は可なり見て居ります[4]」と公言する映画ファンであり、二九年八月の『木曽街道膝栗毛』では弥次さんが軽業師に化けて綱渡りをする場面を、チャップリンの『サーカス』の綱渡りシーンをもとに書いたほどのチャップリン・ファンでもあった。

木村は『街の灯』に興味を持ち、自分では見ていなかったにもかかわらず、歌舞伎の台本を書き始めたというから、なんというフットワークの軽さだろう。そもそも歌舞伎は、ゴシップ的に話題になった心中事件をすぐさま劇にするスピード感や、あるいは、河竹黙阿弥が町で見かけた女物の着物を着た若者の話を浮世絵師三代目歌川豊国にして、豊国が面白がって描いた絵をもとに、『白浪五人男』を書いたというエピソード[5]に見られるような柔軟さを持ち合わせていたのだが、一九三一年当時においても、歌舞伎の新作は外国映画やレヴューなど様々な表現ジャンルとの自由な交通の上に成り立っていたことがわかる。

木村は「テクストとして映画雑誌の短い筋書しか持たなかつた[6]」と述べているが、筆者の調べた限り、主な雑誌のなかでもっとも早く正確で詳しいあらすじが出たのは、「キネマ旬報」の一九三一年三月二一日号に掲載された田村幸彦の「アメリカ映画日記（六）」だ。おそらくはその記事と、すでに映画を見ていた十五代目市村羽左衛門や二代目市川猿之助（後の初代猿翁）らから見所を聞いて、台本を書き始めたのだろう。

ここで『街の灯』のストーリーを簡単に確認しておこう。浮浪者チャーリーは路上で盲目の花売り娘に出会う。美しい娘に見とれて花を買ったチャーリーのことを、目の見えない娘は金持ち紳士と勘違いする。チャーリーは彼女の前で金持ち紳士を演じ続けるために様々な努力をする。またある時チャーリーは、自殺しようとしている百万長者を助け、命の恩人と感謝される。ところがこの百万長者は二重人格で、酔っぱらっているときしかチャーリーのことを覚えていない。

そんなある日、チャーリーは、娘が家賃滞納で共同住宅から追い出されそうになっていることを知り、彼女を助けるために賭けボクシングなどで奮闘するがうまく行かない。結局、酔っぱらった百万長者から娘のために金を貰うが、そこに運悪く強盗が入り、百万長者を殴打して去っていく。目を醒ました百万長者は酔いからさめており、チャーリーのことを忘れて泥棒呼ばわりする。チャーリーはなんとか娘に金を届けた後、牢獄に入る。数ヶ月後出獄したチャーリーは、街角で立派な花屋を開き目も見えるようになった娘に再会する。微笑みかけてくるぼろぼろの浮浪者チャーリーを見て、娘は気持ち悪そうにしていたが、金をめぐんでやろうとチャーリーの手を握った瞬間、娘の心の目が開く……。

『蝙蝠の安さん』の内容は、残された脚本や「読売新聞」に一九三一年七月二二日から八月一九日まで連載された小説版、国立劇場に保存されている筋書き、『演藝画報』(一九三一年九月号)の評者・千葉一郎による「見たまゝ 蝙蝠の安さん」などで詳しく知ることが出来る。これらを読む限り、木村の『蝙蝠の安さん』は、チャップリンの『街の灯』のストーリーをほぼ完全になぞって歌舞伎にしていたことが分かる。

木村は、物語の舞台を江戸時代の江戸両国に移した。映画の冒頭の、記念碑の除幕式の場面は大仏の開眼供養の場面に、パーティーの場面は「上総屋奥座敷」での芸者遊びの場面になっている。また、チャーリーが賭けボクシングをする有名なシーンは、賭け女相撲に変わった。賭け女相撲は、木村が

十三代目守田勘弥の『蝙蝠の安さん』。
『街の灯』のボクシングを翻案した相撲のシーン。

チャップリン映画の日本のチラシとして現存する最古のもの。1915 年、神田錦輝館。当時日本でのチャップリンの愛称だった「アルコール先生」の文字が見える。

関東大震災のあとしばらく上方に住んでいたとき、実際に見たものがヒントとなっているとのことだ。映画ではレフェリーの背後に回って相手から逃げ回ったり、形勢が不利になると自分でゴングをならしてラウンドを終わらせたりするという爆笑ギャグが展開されるが、歌舞伎では、蝙蝠の安さんが体格のいい女相撲とりから、土俵の上を逃げ回ったり、「待った」を連発して時間を稼ぐといったギャグをする。木村はチャップリンの原作を尊重しながらも、自由な翻案を試みた。

木村自身、「材料の貧しいことが、却つてよいと思ひました。思切つて自由に書けるからで」と述べているが、チャーリーが笛を飲み込んでしまい、しゃっくりをする度に笛を鳴らしてしまうギャグも細部に渡って再現しているし、チャーリーが閉めた車のドアの音を聞いて、盲目の少女が彼のことを金持ち紳士と勘違いするシーンは、蝙蝠の安さんが（実際は乗っていないにもかかわらず）駕籠から降りたフリをして駕籠かきと話している一人芝居をうって自分をお金持ちに見せるというシーンに翻案されている。これら二つの演技は、前述の「アメリカ映画日記（六）」には書かれていない場面であり、すでに映画を見ていた十五代目羽左衛門たちが、『街の灯』で印象に残った場面を相当詳しく説明し、木村が忠実に台本に書き込んだものと思われる。

原作との相違点もいくつかある。『街の灯』では盲目の少女は共同住宅に住んでいるのだが、他の住人はほとんど出てこない。対して、『蝙蝠の安さん』では、盲目の花売り娘「お花」は長屋に住んでおり、他にも様々な人物が登場する。その長屋で、ならずものの「仁九郎」と「熊八」の喧嘩があり、のちに物語の終盤に、大金持ち「新兵衛」が「蝙蝠の安さん」に金を渡す時、新兵衛の屋敷に入ってくる泥棒が仁九郎だったという設定が加えられている。

実は、「アメリカ映画日記（六）」のなかでは、原作の『街の灯』について、「ただ難を云へば個々の事件が挿話的で、多少連絡に欠けて居る恨みが無いでもない」という批評が載っている。おそらくその批評を読んだ木村が、物語の因果関係をはっきりさせるために長屋の設定を用いて解決を図ったのだろう。木村自身「私の芝居には何時も長屋が出る」として、「多忙な際筆を執つたので遺憾の箇所ばかりだが長屋だけは本気で書いた積りです」[7]と言っており、彼の得意の設定でオリジナル部分を加筆したわけだ。

しかし、もっとも注目すべき相違点は冒頭の部分だ。

映画では「市民のみなさまのために」と記念碑の除幕式があり、幕をあげると中の記念碑の上でチャーリーが寝ているというギャグから始まる。この映画が公開されたのは一九三一年。世界恐慌の真っ只中に、このような記念碑を貰っても大衆には関係ない、という痛烈な社会批評がそこにある。

他方、歌舞伎版の冒頭は、見世物小屋の大仏開眼供養の場面になっており、幕があがると大仏の手の上で安が寝ている。そこまでは映画からの忠実な翻案なのだが、木村が書いた小説版では、すったもんだの追いかけっこの後、なぜか大仏開眼供養の勧進元が「これでご飯でも食べなさい」と安にお金をあげる。ここでは原作にあった社会風刺は完全に消えてしまっている。

加えて、映画では百万長者は妻と離婚しており、別れた妻の使いが荷物を取りに来たと執事が平然と報告するシニカルなギャグもあるのだが、『蝙蝠の安さん』では大金持ちの上総屋新兵衛は最愛の妻に死なれており、そのせいで彼は自殺を考えるという、純愛物語になっている。

日本ではよく、チャップリンは「愛と笑いと涙」の映画を作ったと言われるが、実際のチャップリンはもっと政治的にも過激で、冷徹な人間ドラマを作っていた。しかし、木村はそのような部分はすべてカットしている。これは日本でのチャップリン受容の特色を端的に表している。

〈紳士〉の「蝙蝠安」

タイトルにもなっている「蝙蝠の安さん」とは、歌舞伎作品『与話情浮名横櫛』（三世瀬川如皐作。一八五三年三月江戸中村座初演）の『源氏店』の場で主人公の「与三郎」にゆすり・たかりを教える「蝙蝠安」のことだ。木村は「ルンペンで偽悪家で弱つ腰で、お人好しな安はまづ理想的だ」[8]として、チャップリン扮する主人公のキャラクターに蝙蝠安をあてはめた。

『蝙蝠の安さん』について考えるとき、主人公に蝙蝠安を引用してきたという事実が非常に大きなポイントとなる。

単に海外の作品を翻案したものなら、先に挙げたように当時からたくさん存在した。だが、『街の灯』から『蝙蝠の安さん』への翻案は、例えば、浄瑠璃版『ハムレット』である『葉武列士倭錦絵』とは大いに異なっている。『葉武列士倭錦絵』では、主人公「ハムレット」には「葉叢丸」という名前があてられているが、木村はチャップリン映画のなかの「放浪紳士チャーリー」という有名なキャラクターを翻案する際に、単純に日本名をつけたり、外国語の発音からそれらしい名前に置き換えたりすることはしなかった。その代わりに、蝙蝠安という歌舞伎における馴染みのキャラクターを引用したのだ。これは単なる翻案を超えて、文化の深い層における受容と言えるだろう。

さらに重要なのは、その蝙蝠安を十三代目守田勘弥が演じたということである。[9] 十三代目勘弥は、現代を代表する女形俳優・坂東玉三郎の祖父にあたり、スマートな二枚目役者として絶大な人気を誇っていた。

その彼が、汚れ役である蝙蝠安を演じるのは、本来ミスキャストというべきものだ。言うまでもないことだが、歌舞伎では役者が身にまとっている雰囲気ともいうべき「ニン」が大切で、二枚目役者はずっと二枚目の役を、娘役の役者は年をとっても娘役を演じることが多い。実際、『源氏店』の上演の際は、十三代目勘弥は蝙蝠安ではなく彼のニンである二枚目の与三郎を演じるのが常であった。では、本来二枚目の与三郎役者である勘弥が、『蝙蝠の安さん』ではなぜ蝙蝠安を演じたのだろうか？

実は、それ以前に勘弥は一度だけ『源氏店』で安を演じている。『蝙蝠の安さん』の十三ヶ月前、一九三〇年七月歌舞伎座でのことだ。その時は、伝説の二枚目俳優十五代目市村羽左衛門が与三郎を演じており、同じく与三郎役者であった勘弥は蝙蝠安にまわった。

この時の勘弥の蝙蝠安への劇評はさんざんなものだった。例えば「演藝画報」一九三〇年八月号の読者クラブ欄には「勘弥の安は、あくが抜けすぎていて、けちな小悪党という面影がてんで見られない。新味があって別の役のようである」とある。たとえば、当時蝙蝠安を持ち役としていた四代目尾上松助などに比べて勘弥は紳士的すぎるので安に向かない、というわけだ。

その一年後の一九三一年に蝙蝠安を演じるにあたって、当然一年前の不評は本人も意識していたはずだ。そこをあえて、本来蝙蝠安がニンではない勘弥が安を演じたのはなぜか？　つまり、彼は

十三代目守田勘弥の『蝙蝠の安さん』。
右は、二代目市川松蔦演じる盲目の花売り娘「お花」。

チャーリーというキャラクターがもつ「紳士にして放浪者」という矛盾を、彼の身体が持つ「ニン」によって表現するためだったのではないだろうか。

『蝙蝠の安さん』をめぐって行われた座談会では、作家の佐々木邦が「下層な人ばかり使っていて品が悪くないことがいゝ、これがあの芝居の特色、どうも喜劇といふものは下司張つたところへ落ちるものですが、それがないいんですね[10]」と指摘している。マーク・トウェインの翻訳家としても知られるユーモア小説の第一人者である佐々木からのこの好評は、汚れ役である蝙蝠安を、二枚目役者の勘弥がやることで得られた評判であろう。佐々木の言う「あの芝居の特色」というのは、そのままチャップリンの喜劇に通じる特色でもある。放浪者にして紳士であるチャーリーの矛盾を、蝙蝠安というキャラクターと勘弥の身体という絶妙の組み合わせで見事に翻案したのだ。

加えて、勘弥は研究劇団「文藝座」を主催し、新しい演劇運動のあり方を模索するなど、インテリ俳優としても知られていた。「演藝画報」一九三〇年八月号の特集記事「守田勘弥に寄す」では、飯島博は勘弥を「新しい物に理解があると同時に、それを生かし得る人だ」と評し、画家の結城泰明は「今の時代の俳優が、今の時代の思想、空気形式の芝居をするのは、最も当然のことである。文藝座はさういふ仕事だつた」と、いずれも勘弥の新しい試みを評価している。

舞台美術家の田中良は、勘弥と他の俳優との違いを「内面的な深さと暗示」であると指摘している。この指摘もまた、そのままチャップリンに通じるものであろう。このように、勘弥は大衆的な人気のみならず、知識人からの評価をも併せ持った存在だった。チャーリー役は勘弥のニンであったのだ。

こうして『蝙蝠の安さん』は、同年七月二二日から東京読売新聞紙上で小説版の連載が始まり、八月一日から二五日間、東京の歌舞伎座で上演された。木村自身は気に入らなかったというこの作品も、それなりの当たりをとり、翌月九月には大阪の中座で二代目實川延若主演で『青天井』(大森痴雪改作)というタイトルのもと『蝙蝠の安さん』がさらに翻案され、また京都の下加茂撮影所で映画化もされた。(残念ながら、映画版のフィルムは現存していない。)

当時の劇評を読むと、「なかでも団右衛門の女力士は姿が奇抜だった」(「演藝画報」一九三一年九月号)と、『街の灯』のなかでも最上におかしいボクシングのシーンと同様に、女相撲の場面が人気だったようだ。また、一九三一年八月一九日付「東京読売新聞」の読者投稿欄では「娘相撲が一番面白い。団右衛門と勘弥の体の対照は想像しても一幅のマンガである」とあり、小柄なチャーリーと大柄な相手役のかけあいで笑いをとるチャップリン映画との共通点が見られる。

勘弥は最初の登場シーンで、和服の襟を洋服のように折っており、チャップリンを模倣していることを観客にアピールしていた。また、中座の『青天井』では二代目實川延若はチャップリン髭を付けていた。しかし、見物人の反応は、「『街の灯』らしい所もあるが、全体が『弥次喜多』のやうな趣向で出来てゐる」(「映画と演劇」一九三一年九月号)、「『蝙蝠の安さん』はチャップリン原作の一人弥次喜多といった芝居」(「東京朝日新聞」一九三一年八月五日)という評が並ぶ。観客は『蝙蝠の安さん』がチャップリン作品の翻案なのか、それとも『弥次喜多』の続編なのか、というところにはあまり気にしていなかったようだ。

加えて、一九三一年七月二四日の「東京読売新聞」には、「一二ヶ月ぶりで勘弥が安に」(実際には一三ヶ月ぶり)という見出しがついており、この作品が外国の映画作品から芝居への翻案としてではなく、蝙蝠安が登場する歌舞伎の一作品として自然に受け入れられていた様子が見て取れる。西洋の最新メディアたる映画の王様であるチャップリンの最新作が、一九三一年当時日本で数年来流行していた『弥次喜多』物の流れや、江戸時代から続く歌舞伎の伝統のなかにうまく溶け合ったのだ。

さらに、当時「ルンペン」という言葉が流行語となっていたことも忘れてはならない。中座の『青天井』に対する評では、「チャップリンの『街の灯』を、浪華の世界に持つて来、それに流行物のルンペンが中心となつて、映画式の運びと、不動寺の灸点や、曾根崎の娘相撲などいろいろな場面を点綴して、案外興味あるものにしてゐました」[11]とある。つまり、当時の流行り物も取り入れた企画だったわけだ。

二代目實川延若主演の『青天井』
1932年9月大阪・中座公演。
（「園藝画報」1932年10月号より。）

それにしても、歌舞伎が本来持っていた、流行りの外国映画から当時の世相・流行語までを素早く取り入れる柔軟性には驚かされる。最初に挙げた、「時期」と「タイトル」という二つの手がかりは、あくまで現代人の「伝統芸能」への軽率な思い込みの産物であり、その「手がかり」が外れたという点に、歌舞伎の本質があったのだ。

ところで、日本人がチャップリンを愛したように、チャップリンも日本が好きだった。秘書の高野虎市を通して日本文化に興味を持ち、来日する度に美術館で浮世絵を楽しみ、歌舞伎に代表される伝統芸能を愛でた。北斎や写楽について日本人よりも詳しく、歌舞伎座で忠臣蔵を見る前には、まわりにストーリーの説明をしていたほどだった。七代目松本幸四郎や初代中村吉右衛門、六代目尾上菊五郎らの演技に感嘆し、歌舞伎役者が大成するのに何十年もかかると聞いて、自身も五歳で初舞台を踏んだチャップリンは大いに共感した。（それにしても、七代目幸四郎と二代目猿之助の「連獅子」を見て、「踊りは幸四郎の方がうまい。猿之助は意気があり、すこしアクロバティック」「日本の踊りのいいところは腰から上のポーズだ」と看破した喜劇王の観察力には驚かされる。）いわば、『蝙蝠の安さん』はチャップリンと歌舞伎との相思相愛の賜物だった。

＊　＊　＊

それから数十年経って——。

二〇〇四年に、筆者は『蝙蝠の安さん』についての英語論文*'From Chaplin to Kabuki'*を英国映画協会の書物*"The Dictator and the Tramp"*（BFI publishing）に寄稿した。それを読んだチャップリンの次女ジョゼフィンが、「父は歌舞伎が大好きでした。再演が実現したらきっと喜ぶでしょう」と言ってくれた。すぐさま七代目市川染五郎丈（当時）にお手紙を書き、『蝙蝠の安さん』再演プロジェクトは始まった。チャップリン家が『街の灯』のリメイクを許可したのは世界で初めてのことだった。

その後、二〇〇六年に筆者が監修・出演したＮＨＫのチャップリン特集番組（「知るを楽しむ」）に七代目染五郎丈に出演していただいたり、二〇〇七年には染五郎丈とチャップリンの孫チャーリー・シストヴァリスと私とでチャップリンについてのシンポジウムを京都で開催するなど、ことあるごとに再演の実現を訴えた。

そうして、紆余曲折を経て、二〇一九年一二月の国立劇場公演で『蝙蝠の安さん』は八八年ぶりに再演された。企画が持ち上がってから一五年の年月がかかったが、その間、染五郎丈は松本幸四郎の名跡を十代目として襲名し、満を持して喜劇王生誕一三〇年の年に実現したことには運命的なものを感じた。

台本は当初、幸四郎丈と筆者とで、木村錦花の脚本を改作する作業をしていた。なんといっても木村は映画を見ていないわけだし、私たちは映画を研究した上で現代の作品として世に出すことを目指していた。しかし、国立劇場による復活狂言の取り組みという枠組ゆえ、木村の台本を補綴するという方針に変わった。その結果、作品は江戸の歌舞伎と二一世紀のチャップリンとをつなぐ架け橋となった。つまり、木村が最初に台本を書いた一九三一年といえば、まだおじいさん・おばあさんの世代が江戸時代生まれで、「江戸両国」や「長屋」が肌感覚で残っていた頃だ。長屋の場面の空気感は現代の作家にはとうてい書けない。木村が書き込んだ江戸歌舞伎のテイストをそのままに、幸四郎丈が現代的にテンポアップさせ、チャップリン家からの意見も取り入れて、再演版の台本は完成した。完全に歌舞伎作品であり完全にチャップリンでもある作品が、こうしてできあがったのだ。

衣裳とメイクは初演を踏襲せず、今回のために幸四郎丈が考え抜いたものだ。モノクロの衣裳に一輪の花の色彩は、まさに冷たい現実に咲くチャップリンの愛の温もりを感じさせる。浮浪者である蝙蝠安を、当代の二枚目俳優幸四郎丈が白塗りで演じる。初演時に十三代目勘弥が蝙蝠安を演じたのと同じように、放浪者にして紳士であるチャップリンの多面性を見事に表現した。

公演中に、チャップリンの四男ユージーンが来日し、『蝙蝠の安さん』を観劇した。チャップリンの大ファンである幸四郎丈が演じる安さんを、ユージーンは心底楽しんで観ていた。ユージーンは観劇後、西洋の映画から日本の伝統芸能へとスムーズに翻案されていたこと、まったく異なった表現形態にもかかわらずチャップリンの本質が失われていなかったこと、廻り舞台などを使った演出の巧みさなどについて賞賛し、幸四郎丈には「そこに父がいました」と最大限の賛辞を送った。

初演から八八年の歳月を経て、喜劇王がその舞台を愛でた七代目松本幸四郎と初代中村吉右衛門の曾孫である当代幸四郎丈が安さんを演じ、それを喜劇王の息子が絶賛する――これを奇蹟と呼ばずしてなんといえばいいのだろう。

＊　＊　＊

『蝙蝠の安さん』について考えるとき、まず注目すべきは、『街の灯』の日本公開に先駆けて、ワールド・プレミア公開のわずか半年後に歌舞伎化されていたという情報の早さである。それだけでなく、主人公には伝統的な歌舞伎で馴染みのキャラクター「蝙蝠安」を引用し、そこに本来は「与三郎」役者である守田勘弥の身体を得て、西洋の最新メディアたる映画の作品を、日本の伝統芸能のなかに見事に結実させている。

私たちはここで、ついつい日本の伝統芸能にまで翻案されるチャップリンの「普遍性」を語ってしまいそうになるが、その誘惑にかられる前に、少しだけ世界各国でのチャップリン受容にも目を向ける必要があるように思える。

当代松本幸四郎丈の
『蝙蝠の安さん』。
2019 年 12 月国立劇場公演。

果たして、時代や国境を越えるチャップリンは、「普遍的」な存在なのだろうか？

例えば、インドのある村ではチャップリンがヒンドゥー教の神々の一人として祀られ、喜劇王の誕生日を聖日として村全員でチャップリンの扮装をして練り歩く。インドには「インドのチャップリン」なる俳優が今もたくさんの映画で主演し、香港には「香港のチャップリン」として現地で活躍する俳優がいる。

ただし、「香港のチャップリン」の作品は日本人である筆者から見ると、チャップリンとは似ても似つかずカンフー映画にしか見えない。「インドのチャップリン」は、映画のなかで大勢の女性と歌い踊り、まったく持ってボリウッド・ムーヴィーの典型だ。つまりは、香港の人たちはチャップリンの類稀な身体能力を見て、「あの動きは私たちのカンフー映画にそっくりだ」と親和性を見出し、インド人はチャップリンのロマンティックな要素を見て「自分たちインド人の好みに似ている」と思ったわけだ。われわれ日本人はチャップリンの人情味に親近感を覚える。『蝙蝠の安さん』も日本人好みの部分を取捨選択して翻案されている。

つまり、チャップリンは一つの価値観をあまねく広めるといった「普遍性」を持っているわけではなく、それぞれの文化が自然と共感できる柔軟な「多様性」を備えていたというべきなのだ。その多様性こそ現代においてますます大切な価値観となっていることはいうまでもない。

それにしても、現代日本に生きる私たちは、海外からの多様な文化に触れながらそれを私たちの血や肉にできているだろうか。チャップリンと歌舞伎との出会いは、グローバルな文化・社会とは何かということを私たちに問いかける。

1 小島貞二著『漫才世相史』（毎日新聞社、一九七八年）、二一八頁。
2 ペンネーム「愚教師」の筆による「軍隊とトーキー」（「映画と演劇」一九三一年二月号。二九頁）
3 木村錦花著『近世劇壇史』（中央公論社、一九三六年）、七〇三頁。
4 一九三一年八月一一日読売新聞の中での「合評『安さん劇 一』」
5 今尾哲也著『歌舞伎の歴史』（岩波新書、二〇〇〇年）、一三一頁。
6 一九三一年九月号「演藝画報」。
7 「演藝画報」一九三一年九月号の中の「『安さん』の作者として」での発言。
8 「演藝画報」一九三一年九月号。
9 他の配役は、ヴァージニア・チェリルが演じた盲目の少女にあたる「お花」を美貌の女形・二代目市川松蔦が、ハリー・マイヤーズが演じた二重人格の百万長者にあたる「上総屋新兵衛」を六代目市川寿美蔵（後の三代目市川壽海）が演じた。
10 一九三一年八月一三日読売新聞の中での「合評『安さん劇 三』」より。
11 「演藝画報」一九三一年一〇月号の中の富田泰彦「中座見物 戸波長八郎」。

第8章

チャップリンとSF

未完のＳＦ作品『フリーク』

〈チャップリン〉と〈サイエンス・フィクション〉とは、一見かけ離れた存在であるように思われる。どこでもない街角をあてどなくさまよう放浪紳士チャーリーの歩みは宇宙時代のスピードから取り残されているし、弱者が直面する困難に満ちた現実を笑いに変え涙で包むチャップリンの演出は、最先端のテクノロジーを駆使したＳＦ映画の特殊撮影の映像とは対極的だ。

そんなチャップリンが、生涯最後の作品として、翼を持った少女を主人公とするＳＦ映画『フリーク』を作ろうとしていたことはあまり知られていない。

チャップリンは一九六七年から六九年にかけて、集中的にこの作品に取り組み、詳細な脚本やストーリーボードを完成させていた。「いつでも撮影ができる状態の脚本を完成させながら、彼の死とともに志半ばにして製作に入れなかった未完の企画」――これまで本作について語る時は、筆者もそのように表現してきたのだが、最新の研究により実態は大きく違うことがわかってきた。実は、資金の目処もついて、スタジオを確保し、撮影時期まで決定していた本作は、「未完の企画」どころか、「製作途中で中断された作品」と呼ぶべきものなのだ。

チャップリン家の資料庫には、『フリーク』にまつわる資料が他のどの作品よりも多く残されている。脚本にする前のプロットを書いたものだけでも一四〇〇ページを超える。ここでは、近年解析が進んだ膨大な資料をもとに、『フリーク』の製作過程を追ってみたい。[1]

一九六七年一月に、結果的には最後の監督作となってしまった『伯爵夫人』がロンドンでプレミア公開された。マーロン・ブランドとソフィア・ローレンの二大国際的スターを主演に迎えた、チャップリン初のカラー作品は、興行的には失敗に終わる。若い世代が暴力やセックスの描写を前面に押し出して、赤裸々な衝動を映像化していた六〇年代後半に、豪華客船でのロマンティック・コメディはいかにも生ぬるく時代遅れとみなされたのだ。それでも、ヨーロッパ諸国では好意的に受け入れられ、第3章で述べたように、チャップリン作曲の主題歌はペチュラ・クラークが歌って大ヒットを記録し、製作費を回収することができた。

『伯爵夫人』の興行的失敗に怯《ひる》むことなく、チャップリンはすぐに次回作の構想を練り始める。『伯爵夫人』のパブリシティのために、「ライフ」誌に答えたインタビューの中では、「次のコメディにとりかかっている。世界的な傑作、聖書やミケランジェロを題材にして」いるとして、自分は「古代ローマの皇帝」の役をすると述べている。[2]

資料庫にはこの発言を裏付けるプロットが残されている。チャップリンが古代ローマの残忍な皇帝とその奴隷である影武者を演じる企画だ。他に、彼は監督に徹して、次男のシドニー（『ライムライト』で若き作曲家ネヴィルを好演した）が、冤罪で死刑宣告を受けてもなお善なる心を失わず、死刑台に向かう前にも独房の掃除に励むような高潔な人物を演じるストーリーなど、いくつかのアイディアを並行して考えていたようだ。

そんな中で、ウーナ夫人や子供たちのお気に入りだったのは、草創期のハリウッドを舞台にしたアイディアだった。娘のジョゼフィンとヴィクトリアが、サイレント時代の伝説的大スターであるリリアンとドロシーのギッシュ姉妹を演じることを想定して書かれたストーリーだ。

この物語には、いくつかの重要な映画史的事実がモチーフとして取り上げられている。映画の草創期には、撮影キャメラと上映機器についての主要な特許をトーマス・エディソンが独占していたのだが、一九〇八年に、エディソンを中心としてモーション・ピクチャー・パテンツ・カンパニー（MPPC）が設立され、各社から特許料を徴収するようになった。MPPCの傘下にはない独立系の会社は、特許料の支払いを免れるために、それまで映画製作の中心地だったニューヨークから西へと逃げて、ハリウッドで製作を始める。対するエディソンはギャングを雇って、力づくで撮影隊を襲撃するなど、映画製作をめぐって血みどろの争いが繰り広げられた。

そんなパテント・ウォー（特許戦争）真っ只中のハリウッドから物語は始まっている。注目すべきは、ハリウッド史上初のネイティヴ・アメリカンの製作者・俳優であるジェイムズ・ヤング・ディアーをモデルにした登場人物「チーフ・イーグル・フェザー」とエディソン側のギャングの闘いの様子が詳しく描かれていることだ。本作が実現していれば、のちには白人中心となるアメリカ映画界だが、その黎明期において大きな役割を果たしていた先住民族の映画人の存在という知られざる事実に光を当て、現代のダイバーシティの理念を先取りする野心作になっていたことだろう。

なにより、映画草創期の主人公とも呼べる存在たるチャップリン本人がハリウッドを描き、その二人の娘が伝説的女優を演じると聞いただけで胸躍る企画である。しかしながら、イギリスでハリウッドの風景を撮影することが難しく、膨大な経費がかかり実現のためのハードルが高すぎることがわかってきた。一九六七年九月半ばまでには、そのアイディアは放棄された。

こうして、チャップリンは次のアイディア――当初は、単に「バード・ウーマン」と呼んでいた――に集中することになる。遅くとも一九五〇年代にはストーリーの原型はあったようだ。次女ジョゼフィンによると、父チャップリンは寝る前の子供たちに自分が作った話を聞かせていたのだが、その中に羽の生えた女の話があったという。「バード・ウーマン」は最後には墜落して死んでしまうので、幼いジョゼフィンはその話が悲しくてたまらなかった（「寝る前に悲しい話を娘にするなんて、変わったお父さんでしょ？」とジョゼフィンは筆者に笑いながら言った）。

チャップリンの脚本執筆方法とは、頭に浮かんだ台詞を言って、秘書がタイプすることから始まる。「彼は、自分の考えた登場人物の役を演じてみせます、なによりリズムを分析するためにです。そして、彼はゆっくりと話し、すべての単語が完全に理解されるものであることを確かめます」と彼の最後の秘書モニカ・ド・モンテは回想する。[3] 彼はタイプした原稿を鉛筆で修正し、それを秘書がまたタイプする。インフルエンザでド・モンテが休んだ時は、妻ウーナがタイプ係を務めた。

ド・モンテは、「何かが彼の頭の中に入ってきたら、彼はずっとそのことだけを考えていました。

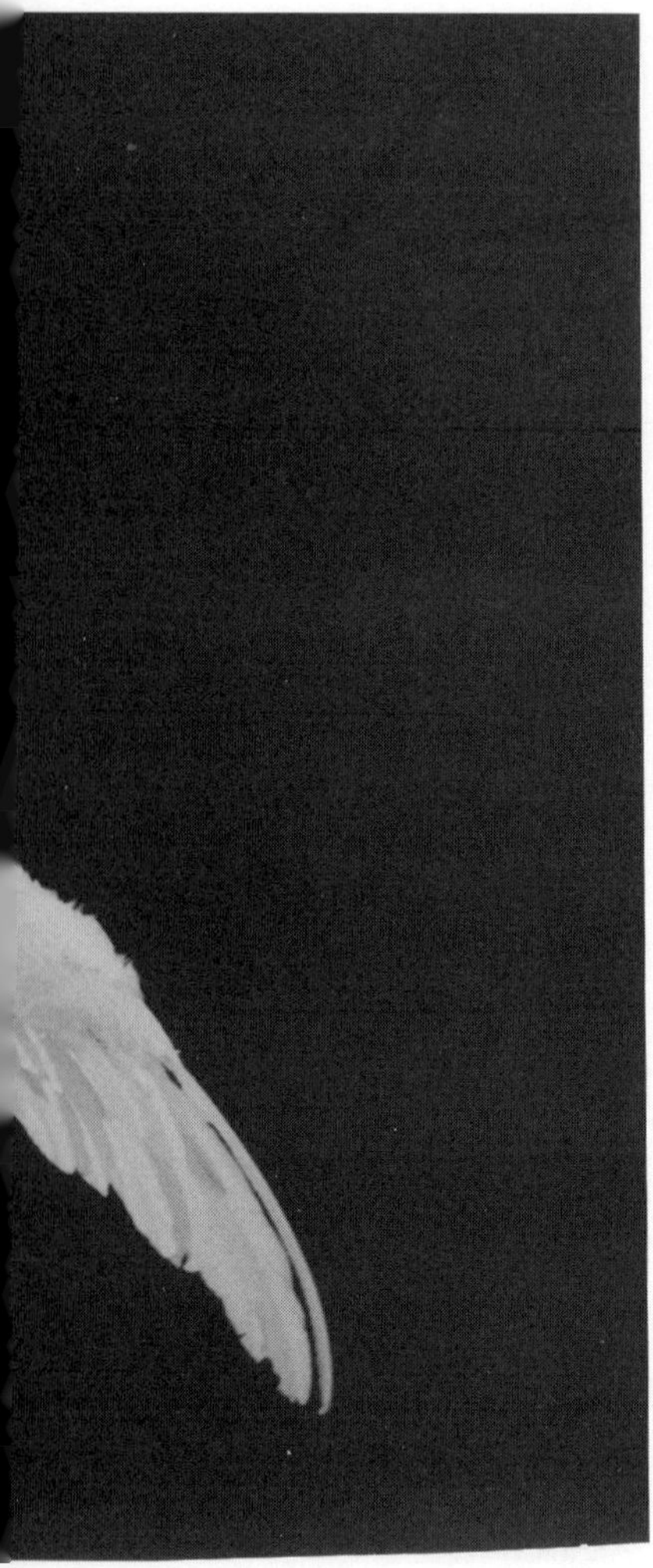

たとえ夜遅くなっても」と証言しているが、ウーナにとっては夫の健康が一番の心配事だった。『伯爵夫人』の編集作業中だった一九六六年夏に、イギリスのパインウッド撮影所の歩道で転倒して、チャップリンは足首を骨折していた。骨折はすぐに治ったものの、それまで自宅のコートでテニスに熱中していた強靭な体力の持ち主だったチャップリンも、さすがに衰えが見られるようになってきた。八〇歳を前にして、時には夜中の二時まで脚本に熱中する夫の疲れ切った表情を見て、ウーナの心配は募っていった。

そんなハードワークの甲斐もあって、翌一九六八年の初めにはストーリーの輪郭が見えてきた。その年の三月に、映画監督のジャン・ルノワールがチャップリン邸を訪れた際、喜劇王はルノワール相手にこのストーリーを演じてみせた。感激したルノワールは、「あなたが次の映画のために創作した

サラファに扮したヴィクトリア・チャップリン

キャラクターたちをすぐにでもスクリーンで見たいものです。実際のところ、それは創作したというより、むしろリアルなもののように思えました」と手紙を書いている。

一九六八年一一月、チャップリンはジェリー・エプスティーンに「六ヶ月か七ヶ月後に、新作の撮影に入る」と知らせた。チャップリンとエプスティーンとの関係は一九四六年に遡る。その年、次男シドニーとエプスティーンは、ハリウッドでサークル・シアターという劇団を立ち上げた。父チャップリンは息子の舞台を見に来て、そのうちリハーサルを見学するようになり、ついには若い仲間のために演出も手がけるようになった。

エプスティーンはチャップリンの信頼を得て、その後は側近として『ライムライト』のアシスタントを務め、多方面にわたる人脈を生かして『ニューヨークの王様』と『伯爵夫人』ではプロデューサーを務めた。

一九六八年のクリスマスを、エプスティーンはチャップリン邸で過ごした。一二月二七日にチャップリン夫妻から請われて、彼はチャップリンの家族の前で『フリーク』を朗読した。居合わせたメンバーは感激し、主演に予定されていたヴィクトリアは愛の贈り物だと感じた。エプスティーンは、『フリーク』こそ「『街の灯』以来のチャップリンの最高の作品」だと思った。（のちに彼がスピルバーグ監督の『E.T.』（一九八二年）を見た時、『フリーク』は『E.T.』と『エレファント・マン』（一九八〇年）を合わせたような作品だと評して、ウーナも同意した。[4]）

この日を境にエプスティーンは『フリーク』の製作のために奔走する。当初は共通の友人だった俳優のショーン・コネリーも一緒に製作チームに入る予定だったが、エプスティーンとコネリーとの些細な行き違いでコネリーは企画から離れた。

主演の、翼を持つ少女サラファ役は、三女のヴィクトリアが演じることになっていた。かねがねチャップリンは、自分のコメディアンとしての才能を最も受け継いでいるのはヴィクトリアだと公言していた。男性の主役でサラファを発見する歴史家レイサムには、ロバート・ヴォーン、リチャード・チェンバレン、ジェイムズ・フォックスらが候補として上がっていた。レイサムの別れた妻に次女のジョゼフィン。長女ジェラルディンは「自分も出演予定だ」と公言していたので、おそらく終盤でパーティーを主宰するペンタゴン夫人の役だったようだ。シドニーとマイケルも出演予定だったが、どの役が想定されていたのかはわからない。ともあれ、家族総出演の映画になるはずだった。

一九六九年三月末に、チャップリンはロンドンを訪れ、飛翔シーンを実現するための特殊効果のスタッフたちと頻繁に打ち合わせた。『2001年宇宙の旅』(一九六八年)で飛翔シーンを手がけた、日本で言う舞台での宙乗りを得意とするユージーン・フライング・バレエのディレクターのアーサー・カービーや、『007/ドクター・ノオ』(一九六二年)のプロダクション・マネージャーだったレオナード・ラドキン、『博士の異常な愛情』(一九六四年)などの特殊効果を手がけたウォーリー・ヴィーヴァーズに、チャップリンは自分のやりたいことを情熱的に説明した。

その間、飛翔シーンの研究のために『メリー・ポピンズ』、博士が空飛ぶ車を開発する『フラバーうっかり博士の大発明』(一九六一年)、ドキュメンタリー映画『水鳥の生態』(一九五二年)、飛ぶ意志を失った盲目の天使が登場し、また無重力状態でのダンスシーンが有名な『バーバレラ』(一九六八年)、『スウィート・チャリティ』(一九六九年)を参考上映した。ウォルト・ディズニーが最後に力を注いだ『メリー・ポピンズ』をはじめ、前三作品がディズニー社の製作だ。チャップリンは彼の最後の作品のためにかつての弟子の映画を研究していたわけだ。

この時点で一九六九年九月か一〇月に撮影開始、期間は一六週間、編集などのポストプロダクションは二八週間と決定された。エプスティーンは、ロンドンのシェパートン撮影所の三つのステージを予約した。

三月三一日に、一行はシェパートンの特殊効果部門に向かい、『フリーク』のスタッフとして名を連ねていた背景画のジェラルド・ラーン、撮影監督のピーター・ハーマンと面会した。ハーンが描いた一五〇枚の絵に加えて、『2001年 宇宙の旅』の技術的なイラストを手がけたジョン・ローズと契約し、彼は六月の二週間でセットデザインを描いた。チャップリンが八〇歳になった翌月である一九六九年五月になって、初めて『フリーク』というタイトルが草稿に登場している。

サラファの羽は、数ヶ月の議論を経て、ヴィクトリアの腕の動きと連動して広がったり閉じたりする複雑な構造を持つ羽を開発した。羽毛は南アフリカから最上のものを取り寄せた。一九六九年六月四日付の書類によると、羽の製作費だけで一一五〇ポンドをかけている。

六月に、次女ジョゼフィンが結婚式をあげた。チャップリン邸で行なわれた披露宴に、長年の音楽アシスタントであるエリック・ジェイムズも参列したのだが、チャップリンはジェイムズの姿を認めると、ノエル・カワードら著名人たちのゲストであふれかえるサロンを走って横切り、彼に近寄るや挨拶の言葉もなく、「エリック、次の映画『フリーク』のテーマ音楽ための素晴らしいアイディアがあるんだ」と夢中になって音楽のアイディアを詳細に語り始めた。驚いたジェイムズは、今日は娘の

『キッド』の夢のシーンで翼をつけて空を飛ぶチャーリー。

結婚式だから映画のことは後にしましょうと言ってチャップリンを席に戻らせた。[5] チャップリンはその後作曲に没頭し、いくつかの曲を作り上げた。

エプスティーンは、懸命に出資者を探していた。『伯爵夫人』の興行的失敗もあり、多くの映画会社が二の足を踏んだ。なかでも、一九一九年にチャップリンが創設者の一人として名を連ねたユナイテッド・アーティスツが、手紙一枚で断りを入れてきたことについて、エプスティーンは憤慨した。ヴィクトリアも激怒したが、チャップリン本人は「何があっても、映画は作るよ」と前向きだった。ブリティッシュ・ライオンが配給に関して比較的良い条件を提示し、ＥＭＩは半分ほどの出資を申し出た。何度か予算の会議が行われ、飛翔シーンを少なくすることで特殊合成映像に使う経費を抑えて、九月末には総製作費一〇〇万ドルの予算に落ち着いた。足りない分は、チャップリン本人が出すと言ったが、エプスティーンはチャップリンの負担無しで製作できるように交渉を続けた。

撮影は準備の遅れに伴い何度か延期されたが、最終的に撮影は一九七〇年二月か三月に開始、場所はエルストリー撮影所に変更となった。スタッフも決定し、羽の小道具も出来上がり、懸案だった飛翔シーンの特殊撮影にも目処がつき、あとは撮影を待つだけとなった。

ウーナはチャップリンの健康状態を心配していた。彼女は『フリーク』の脚本を心から愛し、年齢的にも最後となるこの傑作が無事に製作されることを願っていた。同時に、彼女にとってなによりも大事なのは夫の命であり、最後の作品であろうとも場合によっては製作の中止を決断しなければならなかった。ある日、チャップリンが「僕が行ってしまう前に、この作品を作らなければならない」と口にした。不意の言葉に驚いて、ウーナは「どこに行く前に?」と問うと、チャップリンは妻の誤解を笑って「イタリアに!」と答えた。妻や側近の心配も知らずに、チャップリンだけは若い頃と同じように作品づくりに没頭していた。

翼を持った少女の物語

ここで『フリーク』のストーリーを紹介しておく。

イギリス人の学者であるエドワード・レイサム教授は、南米はチリの海岸沿いの崖っぷちにある、かつてトラピスト修道士が所有していた家に住んでいる。ある晩、レイサムは使用人で先住民族のナギアによって起こされる。家の外で何かの動物がワシに襲われているというのだ。屋上に見にいくと、果たしてそこにいたのは動物ではなく、負傷して意識を失った翼を持った美しい少女だった。レイサムは少女を客室のベッドに寝かせて介抱する。

翌朝、目を覚ました少女はレイサムたちを警戒していたが、食事を与えると次第に打ち解けて話し始めた（しかし、食事として卵を出されると怒るなど、彼女には鳥類の本能もある）。少女の名前はサラファと言い、イギリス人宣教師の娘だった。なんらかの突然変異で翼が生えてきたのだ。両親とも亡くなったあと、南米のフエゴ諸島で先住民族と暮らしていたが、日照りが続いた時期に雨乞いのための生贄にされそうになり、飛んで逃げてきたという。その後は人里離れたところで孤独に過ごしていた。

レイサムとサラファの間には温かい友情が芽生えた。レイサムが病気になった時、サラファは献身的に看病をする。二人は愛とは何かについて語り合い、サラファはレイサムを愛するようになる。しかし、彼女はレイサムが別れた妻マーガレットへ書いた手紙を読み、まだマーガレットを愛していることを知る。そのショックか、サラファは自分が飛べなくなったことに気づく。

そんなある日、二人は大勢の群衆が近づいてくることに気づく。この家に「天使」がいるということをナギアが仲間に喋ってしまい、病気に苦しむ人たちが治して欲しいとやってきたのだ。サラファが病気の少女に触れると、不思議なことに少女は快癒した。奇蹟に狂喜する群衆。彼女はまた飛べるようになった。

数日経って、今度はヘリコプターが家の前に着陸した。中から、ジャクソンとライマンと名乗る男が降りてきて、ポリオに苦しむジャクソンの妹を治してほしいと言う。サラファがヘリコプターに乗ると、一味は彼女を縛りあげ、ヘリコプターは離陸した。ジャクソンとライマンは、捕らえた「天使」を宗教に利用して金儲けを企んでいたのだった。

ロンドンの空港に到着したサラファ。彼女が人間ならパスポートが必要だが、もし動物だとしたら検疫が必要だ。一味がそんな議論をしている中、入国審査を前にしたサラファは夜の空に飛びたった。ロンドン上空を飛行し、教会の扉に降り立つサラファ。それを見て気を失う若い修道女。ウェストミンスター寺院では、告解を聞いていた神父がサラファを見て気を失うなど各地で騒動になる。翌日、日曜日の朝、「天使」という演目を上演中のオペラハウスに辿り着いたサラファは、彼女をダンサーの出演者と勘違いした掃除係の女性によって楽屋で休むことを許される。

その後、サラファは、レイサムの手紙に書いてあったマーガレットの住所「ブルック・ストリート」を目指す。

一方、神父ら目撃者たちは記者に大聖堂でのサラファの出現について話している。その報道を知るジャクソンとライマン。二人は彼女がマーガレットの家に行くと推測して先回りする。

真夜中、サラファはオペラハウスを出て、ブルック・ストリートを探すために飛び立つ。途中で酔っぱらいの老人（チャップリン自身が演じることになっていた）に道を尋ねたが、羽の生えた少女を見て老人は驚くばかり。

やっとのことで目的地にたどり着いたサラファは、マーガレットが寝ている部屋に窓から飛び込んで、彼女を驚かせてしまう。すぐに仲良くなった二人だったが、下で見張っていたジャクソンとライマンから電話がかかってくる。彼らは、このままだと不法入国でサラファは逮捕されるが、政府の実力者に話をつけてやるから言う通りにしろと脅す。

サラファは指定されたサヴォイホテルに向かう。サヴォイではジャクソンたちが待っていて、すぐに宗教家も加わり、金の取り分の話をしている。大きな音を立ててコーンフレークを食べながら、一味の話を聞くサラファ（儲け話がしばしばコーンフレークを食べる音で中断されるギャグが展開される）。彼女は、その晩の宗教の大集会で話すことを強要される。一味は、奇蹟の演出のために偽物の病人を手配していた。

アールズ・コートで開催された大イベントで、「奇蹟の天使です」と宗教家に紹介されてサラファが登場する。「天使」を目の当たりにした群衆はヒステリックになり、世界の平和を求めて叫ぶ。サラファが触れると病人たち（本物の病人もいれば、サクラで手配された偽物もいる）は治癒し、興奮はいや増す。サラファは、群衆の熱狂のなか舞い上がり、天窓から外に飛んでいく。

途中で、マーガレットと合流し自動車で「トレント」（架空の地名）にある彼女の別荘に向かう。そこでマーガレットの現在の夫レックスに会うが、レックスは夕食に鳥類のライチョウを提案するなど無神経な男だった。

二週間後、マーガレットはサラファの気分転換のためにペンタゴン夫人邸での仮装舞踏会に誘う。外出を避けていたサラファだったが、近くにジャクソンたちが追ってきているのを感じて、一人で留守番をするのが不安になり同行することにした。

いまやサラファの存在は国中に知られており、仮面舞踏会には天使の仮装をしている出席者ばかり。ジャクソンと私服警官がサラファを捕まえようと舞踏会に来たのだが、全員天使の格好をしていて見つからない。しかし、ダンスが始まり、興奮したサラファが誰よりも高く飛んでしまったことで見つかってしまう。

サラファは飛んで逃げていく（途中で、無神論者の講演会に紛れ込んでしまい、無神論者を気絶させるというギャグもある）。サラファがマーガレットの別荘に戻ると、寝室にレックスが入って来て彼女を暴行しようとする。彼女は抵抗し、ハサミで彼の背中と胸を刺し彼は絶命する。

警察に捕らえられたサラファ。彼女は裁判にかけられるが、もし人間であることが証明できなければ、検疫のために隔離されるなどと言われる。一方、彼女を助けるためにレイサムは帰国し、サラファの出生証明書を見つけ出し、人間であることを証明し、裁判では正当防衛が認められて無罪となった。

レイサムとマーガレットは、解放されたサラファを家に連れて帰る。無罪が認められ自由の身となったのだから、イギリスでゆっくりすればいいと言うレイサムたち。だが、その夜サラファはチリを目指して空に向かって飛び立つ。

翌日、大西洋に彼女の遺体が浮かんでいるのが発見される。

サラファ——天使と人間

主人公サラファの名は、五〜六世紀の神学者である偽ディオニュシオス・ホ・アレオパギテースが定めた、キリスト教における天使の序列で最上に位置するセラフィム（熾天使）に由来する。『旧約

チャップリン邸で、『フリーク』のリハーサルをするヴィクトリア。
1974年8月。

聖書』の『イザヤ書』では、三対六枚の翼を持つと描写されており、『フリーク』のサラファとの共通点は見当たらない。

翼を持った人物（または神）の中で、もっとも有名なのはギリシア神話のイカロスであろう。イカロスとその父のダイダロスは、王の不興を買って迷宮に幽閉されてしまう。彼らは蜜蝋で鳥の羽を固めて翼を作り、空を飛んで脱出する。父は息子に、蝋が溶けるから太陽に近づきすぎてはいけないと警告していたのだが、イカロスは過信して太陽に近づき、蝋が溶けて墜落死する。

サラファとイカロスは、「最後に墜落する」という共通点を持つが、イカロスがみずから作った羽を過信し、傲慢にも太陽に近づこうとして墜落したのに対して、サラファは、彼女を天使に祭り上げたり追いかけ回したりする社会や、管理システムの中で動物扱いをして検疫しようとしたり身柄を拘束したりする国家権力から逃れるために飛び立つ。傲慢なのは個人の尊厳や自由を踏みにじろうとする国家や社会の方であって、サラファではない。イカロスとはその点で対照的だ。

チャップリンにとってより身近だった天使は、『タイムマシン』や『宇宙戦争』などで知られるSF文学の始祖の一人であるH・G・ウェルズが、キャリアの初期に書いた"*The Wonderful Visit*"の主人公の天使だろう。

一八九五年に発表されたこの小説は、ある晩、イギリスの田舎の村で光り輝く鳥が目撃されたところから始まる。翌朝、村の聖職者や学者が「不思議な鳥」を捜索すると、銃で撃たれた跡のある翼を持った人間を発見する。聖職者はそれを家に連れ帰り傷の手当てをする。彼は「自分は人間界に迷い込んだ天使だ」と言うのだが、村の人々はその奇怪な生き物を天使だとは認めない。傷が治って外を

『フリーク』のリハーサルをする
チャップリンと娘ヴィクトリア。1974年8月。

出歩けば、村人たちから敵意の目で見られるばかり。しかし、天使には驚くべき音楽の才能があった。ある時、ヴァイオリンを手にとるやこの世のものとは思えない美しい旋律を弾いた。その才能を利用できると考えた人が、天使による演奏会を開催するが、音符の読めない天使は恥をかかされる。他にも人間からのさまざまな嫌がらせにあった末、最後は燃え盛る家に飛び込んで死んでしまう。

チャップリンとウェルズは、一九二一年に喜劇王がイギリスに里帰りした時に会って以来の親友同士だった。二人は意気投合して、その一〇年後の一九三一年の世界旅行の際、イギリスだけでなくフランス南部の保養地ジュアン・レ・パンでも共に長い時間を過ごし、またウェルズもアメリカを訪れた時にはチャップリン邸に数週間滞在することもあった。チャップリンは、政治や歴史から相対性理論のような難解なことまでわかりやすく説明してくれるウェルズを頼りにしていた。二人は映画を作る相談もしていたようで、チャップリン家の資料庫にはウェルズによる女性解放運動をテーマにした作品“*She Would NOT be a lady*”の企画書が残っている。

チャップリンが“*The Wonderful Visit*”を意識していなかった可能性はほとんどないと言って良い。一九二一年のイギリス里帰りの旅行記は、アメリカで“*My Trip Abroad*”と題して出版されたが、母国イギリスでは“*My Wonderful Visit*”と、ウェルズの小説をもじったタイトルで出版されていたからだ。

しかしながら、“*The Wonderful Visit*”と『フリーク』との共通点はほとんどない。前者が田舎の村を舞台にしているのに対して、後者はロンドンの大都会で起こり世界中に報道される事件になる。ウェルズの主人公は天国から人間界に迷い込んでいた天使であり、『フリーク』のサラファは人間の親から生まれて変異した存在だ。なにより、自分は天使だと主張しているのに周囲はそう認めようとしない前者と、自分は天使ではないと言っているのに周囲は天使だと持ち上げる後者は、まったく対称の構造を持つ。実のところ、歴史上何度も語られてきた天使の物語の中で、『フリーク』は他に似通った作品が見当たらない極めてユニークな作品なのだ。

「ユニークな作品」と書いたが、とりわけ映画というジャンルに限って言うと、『フリーク』の特異性はさらに際立つ。デイヴィッド・ロビンソンも指摘する通り、その発明以来たくさんの飛翔シーンを描いてきた映画において、そもそも羽の生えた天使が登場する作品は、少なくとも二〇世紀末までは極めて少ないのだ。『メリー・ポピンズ』は傘、『スーパーマン』や『バットマン』はマントなど、映画でヒト（の姿をしている者）が飛ぶ時はほとんど翼を使わない。さらに言うと、『ベルリン・天使の詩』（一九八七年）ではわざわざ天使が登場しているのに翼を持っていない。翼を持った天使がいる作品と言えば、チャップリンが一九六九年三月に参考上映で見た『バーバレラ』か、それこそウェルズの小説を翻案したマルセル・カルネの最晩年の"*La merveilleuse visite*"（一九七四年）が思いつく程度か。

二〇世紀末になって、ジョン・トラヴォルタが小汚い中年の天使に扮するノーラ・エフロン監督『マイケル』（一九九六年）、ベン・アフレックとマット・デイモンが堕天使を演じる『ドグマ』（一九九九年）、リュック・ベッソン監督の『アンジェラ』（二〇〇五年）など、いくつか翼を持った天使が登場するのだが、それまでは映画における飛翔シーンの多さに比べて、翼を持った天使の出現率は極めて低い。

そんな中で、翼を持つ天使が登場する映画として最も有名なものは、他でもないチャップリンの『キッド』であろう。物語の終盤、チャーリーがたった一人で育て上げたキッドが何者かに連れ去られる。探し疲れて眠りこけた街角は、夢の中で「天国」になって、翼を生やしたキッドと再会し、チャーリーも翼を持って一緒に空を飛ぶ。しかし、汚れを知らぬ天国の住人の元に、欲や嫉妬の毒が紛れ込んで争いが始まってしまう。

このシークエンスは、ストーリーから飛躍していることもあり完成後に議論を呼んだ。だが、翼を得て飛翔するという単純さゆえに、それは深い感動を呼びおこす。社会の底辺にいるものが想像できる夢の国とは、かように単純極まりないものなのだ。そして、空高く飛ぼうとしたチャーリーが、結局は警官に撃たれて墜落してしまうことを思うと、切なさがより際立ってくる。

レイサム──ウェルズ、ナボコフ、チャップリンにおける「飛翔と落下」

『フリーク』のサラファは、イギリスからチリを目指して飛び立つも、『キッド』の夢のシーンのチャーリーと同じく、志なかばで墜落し、悲劇的な最後を迎える。飛翔も去ることながら、むしろラストが唐突な落下で終わるところにこの作品の特徴がある。

天使の〈飛翔〉についてはあまり共通点を見出せなかったウェルズとチャップリンだったが、ウェルズの作品には『フリーク』と同じようにラストが唐突な〈落下〉で終わるものがある。短編『白壁の緑の扉』がそれだ。

主人公ライオネル・ウォーレスは、人も羨む順風満帆の人生、エリートコースを歩んできた政治家である。しかし、彼の頭にはどうしても「取り付いて離れないもの」があった。幼い頃に一度だけ行ったことのある楽園のことだ。彼は五つか六つの時に、街で「白壁の緑の扉」を見つける。扉を開けて中に入ると、美しい草花の花壇と大理石の道が伸びる庭園や宮殿があり、やわらかい光の中で動物や鳥たちが幸せに暮らしていた。彼はそこで美しくて親切な人々に出会って楽しく遊んだ。

家に戻ってから楽園での経験を家族に説明しようとしたが、誰も信じてくれない。厳格な父に至っては彼が嘘をついていると言って、鞭打ちの罰を与えた。そんなわけで、厳しい現実に引き戻され、しばらくは楽園のことも忘れていたのだが、八つか九つの時に再び白壁の緑の扉を見つけた。しかし、その時は学校に遅刻してはいけないと思い、そこを素通りした。明くる日に同じ場所を訪れたのだが、どうしても白壁の緑の扉は見つからなかった。

三たびその壁を見たのは一七歳の時だった。オクスフォード大学への奨学生の試験を受けようと馬車を走らせているときに、それは彼の目に飛び込んできた。彼は懐かしい想いにとらわれたが、大切な試験のために急いでいたので馬車を降りることはなかった。彼は無事に試験に合格した。もし楽園の中に入っていたら、輝かしい将来は消えていただろう。彼も分別がついていたのだ。その後、恋人に会うために急いでいた時にも扉を見たが、もちろん大切な人との待ち合わせを優先した。

しかし、この一年間というもの、不思議なことにウォーレスは、大事な政治日程の合間や、父の臨終間際など、三回も扉を見た。いずれも重要な用事の最中だったので、扉の中に入ることはなかったのだが、俗世間での成功のために夢の楽園を諦め続けている自分に近頃は疑問を感じ始めていた。そして、次にあの扉を見つけたら、必ず中に入ると彼は友人に誓っていた。

それから三ヶ月ほど経ったある日、ロンドンの地下鉄建設のために掘られた深い穴でウォーレスの遺体が発見された。工事現場を囲う粗末な塀にあった扉を開けて、彼は中に入って転落したのだった。

H・G・ウェルズは小説を次のように結んでいる。

> われわれは、この世を常識で見ている。板囲いは板囲い、穴は穴だとしか思わない。われわれの白昼の基準で考えれば、彼は安全な場所から闇へ、危険の中へ、死へと転落して行ったのだ。
> だが、彼はそう考えただろうか？[7]

「白昼の基準」ではなく、みずからが信じる夢の世界を求めて扉を開けたウォーレス。お仕着せの「現実」の扉を開けて、理想を求めて飛びこみ、そして落下する。
英文学者の若島正は、『白壁の緑の扉』におけるウォーレスの行為とウラジーミル・ナボコフが『神々』に描いた飛翔と落下にあい通じるものを見出す。[8]
ナボコフの謎めいた短編を読み進めていくと、どうやら幼な子を失ったばかりのカップルの話だとわかる。語り手の「ぼく」は、パートナーを慰めるためにおとぎ話を聞かせている。その中で、「ぼく」は、有名な飛行家ユベール・ラタムの話をする。ドーヴァー海峡初横断に挑戦し、フランスのカレー郊外から飛び立ったが、運悪く洋上でエンジンが故障して海上に不時着してしまい、ライヴァルの飛行家ルイ・ブレリオに先を越された話だ。

……かつてラタムが海峡の真ん中で墜落して、沈没しつつある自分のアントワネット号の――まあ、そう言ってよければ――トンボの尻尾のような部分に腰をおろし、風に吹かれながら黄ばんだ煙草をふかし、ライヴァルのブレリオが切り株のようにずんぐりした翼をつけた飛行機に乗って空高く、カレーからイギリスの砂糖をふりまいたような海岸に飛んで行くのを眺めたことがあったが……[9]

子供を亡くしてしまったとしても生きる希望まで失ってはいけない。そんな思いを込めて、墜落し

『フリーク』の羽根

ても誇りを失わなかったラタムの話を、「ぼく」はパートナーに、そして死んだ子どもに、聴かせたのだろうか。

「ぼく」が語るラタムについての話は、概ね史実に基づいている。一九〇六年、イギリスの新興新聞だった「デイリー・メイル」紙は、宣伝のためにドーヴァー海峡の飛行機初横断に一〇〇〇ポンドを賭けた。ラタムは、一九〇九年七月一九日に単葉機アントワネットⅣ号でこれに挑戦するも失敗。対して、ブレリオが先を越した。そこまでは事実なのだが、ナボコフが書いたようにその日のうちにラタムの頭上を飛んでいったわけではなく、実際にブレリオが初横断に成功したのは六日後の七月二五日のことだった。成功と失敗をあえて同じ日にすることで、ナボコフは飛翔と落下の対比を際立たせた。

ラタムとブレリオが初横断飛行を競い合った一九〇九年と言えば、チャップリンがカーノー劇団の花形としてイギリスのミュージック・ホールに出演していた頃だ。若きコメディアンは英国の新聞紙上を賑わしていた彼らの冒険譚に胸を躍らせたに違いない。

果たして、チャップリンは初めて横断したブレリオの成功を讃えたのだろうか、それとも失敗したラタムに共感したのだろうか？　その一年後には初のアメリカ公演に出て、その後未曾有の成功をおさめることになるチャップリンだったが、それまでにすでに極貧の幼少期を経て人の悲喜劇を見てきた目は、結果として成功をおさめたものよりも、果敢に挑戦するも落下した失敗者に多くのものを見出したようだ。――それから六〇年経って、チャップリンは『フリーク』の男性の主人公の名前を、ラタムと同じスペルで「レイサム」と名付けることになる。

大いなる未完の作品

だとすれば、チャップリンの最後の作品は、晩年に至ってから構想されたものではなく、映画デビュー以前の青年期から彼の心を捉えていた〈飛翔と落下〉というテーマを生涯かけて編みあげた作品だと言えまいか。

実際、『フリーク』には、喜劇王の自伝的な要素が多く見られる。サラファは早くに両親を亡くし、孤児として過ごす。彼女には病気を癒すという特殊な能力が備わっている。たまたま翼を持っていたことで、自分は「天使ではない」と思っているのに、周りからは天使と持ち上げられ、人々から熱狂的に崇拝される。そしてある時を境に猛烈なバッシングが始まり、追いかけ回され捕獲される。孤独な幼少期、他にはない才能に恵まれたこと、熱狂的に崇拝され、突如迫害されたこと――これらはすべてチャップリンがその人生で経験したことだ。

翼を持った少女を前にしながら、まず「パスポート（出生証明）がない」「動物なら検疫が必要だ」と大騒ぎする様子は、国家というシステムへの痛烈な皮肉にして、彼が終生イギリス国籍を変えなかったことで、アメリカの右派から「愛国心がない」と非難を受けた苦難が反映されている。

もちろん、サラファがバレエ作品「天使」を上演中の劇場に迷いこんで、楽屋係の女性に「あら、もう衣裳を着てるの？」と言われるシーンなど、ギャグを畳みかけるセンスは健在だ。そんなコメディを通して、安易に「宗教」が作られる現代社会の本質を描くところが、チャップリンの真骨頂だ。サラファを誘拐した直後、ジャクソンとライマンは彼女を宗教団体の客寄せに使って儲けることを話し合う。

ジャクソン「こいつは世界を震撼させるぞ！　正しく宣伝すれば、俺たちは世界を征服できる！」

ライマン「そのとおりだ。こいつが持っているのは翼だけじゃない——セックスなんかよりいいものだ」

ジャクソン「元手は安いもんだ。今、人は何かを信じたがっている。それを俺たちが正しく操ってやれば、世界に革命を起こせるんだ」

チャップリンは一九六〇年代末の時点で、世界を征服する手段とは武力などではなく情報メディアによる「正しい宣伝」であることを見抜いていた。「何かを信じたがっている」人々を操れば革命が起こせるとうそぶく彼らの考えは、宗教と政治・経済の関係がとりわけ大きくクローズアップされている現代日本においては絵空事とは思えない。

対して、宗教の集会で群衆を前にしたサラファは、彼女自身が特別扱いされることに困惑を表明しながら、人々に対して、それぞれの内なる生きる欲望をあらわにするように説く。聴衆は歓喜し、病気や障がいを持っていたものが癒され立ち上がる。興奮は最高潮に達し、人々は争いをやめるように訴え、反戦と平和を叫ぶ。

巨悪に抗って、個人が理想を演説するシーンは、『独裁者』のラストを思い起こさせる。ユダヤ人の床屋が一人で演説する『独裁者』に比べると、『フリーク』では熱狂する聴衆の様子も多く描かれている。『独裁者』も当初の脚本では床屋の演説を聴いた各国の人々が武器を捨てて踊るさまが描かれていたので、かつて放棄したアイディアを再び取り上げたわけだ。『フリーク』の初期脚本でも、サラファの言葉がいろんな国々に届き、例えば時代を反映して学生運動のデモ隊と彼らを取り締まる警官隊がそれを聴いて衝突を止める、といったシーンも書かれていた。

崇高な理想をダイレクトに訴えるのは、いかにもチャップリンらしい場面だが、そのような楽天的なフィクションだけで終わらせないのもまたチャップリンだ。サラファの演説を聴いて、病気が治ったと叫ぶ人々の中には、宗教関係者が仕込んでおいたサクラも混じっていた。奇蹟を演出して、集団ヒステリーを盛り上げる一味。理想がたやすく実現されることなどあるはずもなく、物語はサラファが罪なくして追いかけ回される現実へと続いていく。

『フリーク』では、サラファへの崇拝と迫害の両極端が描かれるのだが、そもそもそれらは〈集団から異質なものを排除する〉という意味で、本質的には同じ行為なのかもしれない。サラファはかつて南米のフエゴ諸島では生贄にされそうになり、今はマスメディアのおもちゃにされている。「みんなは私を神として扱いました」と言うサラファに、マーガレットは「それは良かったの？　きっとあなたはとても孤独だったでしょうね」と言葉をかける。孤独な魂への崇拝と迫害。「彼らがキリストにしたことをご覧なさい」とサラファは付け加える。チャップリンは、枠にはまらないものを排除しようとする集団ヒステリーを描くことで、異質な他者を認め合う多様性の大切さを訴えた。

物語の終盤、彼女を暴行しようとした男を刺した咎でサラファは身柄を確保される。彼女の正当防衛は認められ、またレイサムが出生記録を見つけてサラファと当局に届けたことで、「これで普通の市民として静かに暮らせる。一件落着だ」と喜ぶ。しかし、その晩、サラファは国家から与えられるだろうお仕着せの自由を拒否し、本当の自由を求めて夜空に舞い上がり、灼熱の大西洋で力尽きるのだ。

何たる破綻したストーリー、そして、何たる力強さだろう。サラファは、与えられた幸福を選ばずに、たとえ失敗することになったとしても、あくまでの個人としての真の自由をもとめて飛翔し、そして落下したのだ。

チャップリンは『フリーク』を完成させることはできなかった。撮影日程も予算も決まり、資金面の目処もついた一九六九年一二月のこと、ジェリー・エプスティーンはクリスマスのお祝いのためにヴヴェイのチャップリン邸を訪れた。妻ウーナは、玄関ホールでエプスティーンに会うなり、こう言った。「映画製作はありません。私はそう決断せざるを得ないのです。チャーリーはこの映画を生きて作り終えることはできないでしょう。もし『フリーク』が簡単な映画なら、進めてくださいと私も言えます。でも、この映画は彼を殺すことになるでしょう」。

ほんの数週間前まで完成を楽しみにしていたはずのウーナが、なぜ突然こんなことを言い始めたのかエプスティーンにはわからなかった。側近にも知らされていない、チャップリンの健康状態の変化があったのだろうか。とにかく、ウーナの決心は固く、エプスティーンは協力者たちにお詫びの手紙を書くしなかった。[10]

映画が中止になったことを知らされていないのは、チャップリン本人だけだった。強靭な体力を誇っていたチャップリンも、一九七〇年前後から自覚症状のない小さな脳出血を何度か患って、次第に衰えを見せ始めていた。そんな中でも、彼は何度も『フリーク』の脚本を書き直し、製作の日を心待ちにしていた。主演に予定されていたヴィクトリアが道化師のジャン・バティスト・ティエレーと結婚して家を出たことで彼は意気消沈したが（一般に、これまではヴィクトリアの結婚で『フリーク』は頓挫したこととされていた）、一九七二年にアカデミー名誉賞受賞のためにアメリカを訪れたのも、『フリーク』の特殊撮影のための最新機器を見るためでもあった。いくつかのインタビューで製作の構想を語り、一九七四年初頭には親友のアイヴァ・モンタギュに脚本を見せて議論するなど、諦めるつもりはなかった。

一九七四年八月に、ヴィクトリアと夫のジャン・バティストがチャップリン邸を訪れた時、チャップリンはエプスティーンに倉庫から「翼」を出すように指示した。ヴィクトリアがそれを身につけると、もはや足腰も弱くなり車椅子に頼っていた八五歳のチャップリンが突如蘇り、いきなり立ち上がったかと思うとそこらじゅうを歩き回って、彼女のシーンの演出を始めた。

ウーナはその様子を一六ミリのキャメラに収めた。現存するフィルムには、立ち上がって演出する笑顔のチャップリンと、野生の鳥の獰猛さと純真で孤独な少女の瞳を持ったヴィクトリアの見事な演技が映っている。その後、ジョゼフィンも交えて本読みが始まった（「なぜだかわかりませんが、父の演出のもとでは、私は本当にリラックスして、自然に演技ができました」とジョゼフィンはこの時のことを筆者に語ってくれた）。チャップリンはいきいきと興奮して腕をまくって言った。「みんなでこの映画を作るんだ[11]」。

彼は、一九七五年三月にエリザベス女王よりナイトに叙された時も、「もう一本映画を作ります」と記者団に答えている。亡くなる前年に伝えられた最後の公式の声明は、「仕事をすることは生きること。私は生きることを愛する」だった。

チャップリンはこの作品を製作できずに力尽きた。たとえ寿命を縮めたとしても製作したかったのが本望だったに違いない。しかし、中止にしたウーナの判断は、最愛の夫の命を守るためになされた苦渋の決断だった。

もし彼がそれを作っていたらどんな映画ができていただろうか？　初めて挑戦する特殊撮影を使って、サイエンス・フィクションの世界で広い空を放浪する新たな放浪紳士が生まれただろうか？　だが、そんな仮定に思いを馳せるよりも、チャップリンが命をかけて『フリーク』に取り組んだという事実、そしてそれを未完のメッセージとして私たちに残したという現実に面と向かってその意味を考えたい。〈国家〉や〈宗教〉をめぐって、ますます混迷を深める二一世紀に生きる私たちに、『フリーク』は大いなる未完の作品として開かれている。それは、私たちが直面する課題を前もって捉え、最前線において問いを発信し続け、新しい創造へとかき立てる――そのような芸術を、人はアヴァンギャルドと呼ぶのだ。

＊　＊　＊

「私たちはみんな奇蹟なのです」――あとがきにかえて

以上、チャップリンと多岐にわたる同時代の芸術ジャンルについて、それらが互いに刺激し合う関係性について、思いつくままに書き連ねてきた。はしがきで言ったように、本書はチャップリンを偉人として遠ざけるのではなく、アヴァンギャルドの文脈において、現代のアーティストとして捉え直す試みである。いささかおぼつかない足取りではあるが、その出発点には立てただろうか。

本書で取り上げたそれぞれの芸術ジャンルについて、筆者は必ずしも専門家ではないので、細部を論じる能力もまたそこに拘泥する欲望もない。むしろ、各ジャンルに閉じこもることでは見えて来ない多様な交通の中に、アートの前衛が浮かび上がってくると信じている。これまで見てきた通り、歴史の最前線において、チャップリンは新興メディアである映画のパイオニアとして二〇世紀を闘い抜いた。そして、彼が築いた前衛のラインは、動画情報メディアが世界中を覆い尽くした二一世紀においてますます重要な砦となっている。

ここに論じたのはチャップリンの持つ多様な側面の一つに過ぎず、これからも研究と実践を重ね、新たな前衛を見出してそこに参戦していくことにしたい。読者の皆さんにおかれては、筆者が提示したささやかな前衛ラインを突破して、喜劇王のユーモアを武器に大きな戦果をあげてくれることを願っている。

二〇世紀のモダン・アートをはじめ、舞踊、音楽、言葉、アニメーション、ヌーヴェルヴァーグ、歌舞伎、そしてサイエンス・フィクションとさまよっているうちに、はからずもチャップリンのキャリアをほぼ時系列でたどることになった。こうして並べてみると、アーティストとしての彼の達成の巨大さにあらためて圧倒される。それこそサラファを目撃した『フリーク』の登場人物のように、彼の存在を奇蹟とでも呼ぶべきか？　だが、ここではそんな安易な誘惑には乗らないようにしたい。いうまでもなく、彼は生涯にわたって、誰か一人が特別なのではなく、誰もが大切な存在であることを描き、底辺に生きる人を励まし続けたのだから。チャップリンが残した作品は、今に生きる人にそれぞれの〈前衛〉に立って行動することを呼びかける。そして、私たちみんなが落下を厭わず飛翔するための奇蹟の翼を持っていることを教えてくれるのだ。というわけで、『フリーク』のサラファの台詞を書きつけて本書を締め括ることにする。

私は、自分が天使なのかどうか、わかりません。
私たちはみんな一つの謎です……生きることは一つの謎なのです！
私たちはみんな奇蹟なのです！

二〇二三年一一月一九日　京都・洛北にて　大野裕之

1　『フリーク』については、David Robinson, Charlie Chaplin, Cecilia Cenciarelli ed., *Charles Chaplin, The freak: la storia di un film incompiuto*(Cineteca di Bologna, 2020) が、アーカイヴ資料に基づき整理された脚本の最終稿が収められた一級資料だ。本稿も多く参照している。まだイタリア語版しか存在しないので、英語版他への翻訳が待たれる。他に、主観的な記述が目立つ点に難があるが、スイス在住の映画研究者による Pierre Smolik, *The Freak: Chaplin's Last Film*(Call me Edouard Éditeurs, 2016) という書物もある。本稿は、デイヴィッド・ロビンソンらの論考を参照しつつ、チャップリン・アーカイヴ等の一次資料と関係者への取材を元に執筆した。

2 "*Ageless Master's Anatomy of Comedy, An Interview by Richard Meryman*," *Life Magazine*, 3 Apr 1967. 邦訳は山下多恵子訳「チャップリン：永遠の巨匠によるコメディ解剖学」大野裕之編著『チャップリンのために』(とっても便利出版部、二〇〇〇年)、一九二頁。

3 Smolik, p.259.

4 Jerry Epstein, *Remembering Charlie*(Bloomsbury, 1988), p.201.

5 James, p.102.

6 Robinson (2020), p.171.

7 ホルヘ・ルイス・ボルヘス編、小野寺健訳『新編バベルの図書館2　イギリス編1』(国書刊行会、二〇一二年)、四〇頁。

8 二〇一七年一一月一一日に京都大学にて開催された京大英文学会年次大会における若島正の講演「flight of fancy—飛翔の文学史とナボコフ」。

9 ウラジーミル・ナボコフ著、沼野充義訳「神々」『ナボコフ全短編』(作品社、二〇一一年)、五七頁。

10 Epstein, p.203.

11 *Ibid.*, pp.206-7.

初出について

第6章「チャップリンとヌーヴェルヴァーグ」……「チャップリンとゴダール――シネマ・ヴェリテの創出」(『ユリイカ二〇二三年一月臨時増刊号　総特集＝ジャン＝リュック・ゴダール』所収)に大幅に加筆修正した。

第7章「チャップリンと歌舞伎」は、筆者の英語論文*'From Chaplin to Kabuki'*［*Chaplin;The Dictator and the Tramp*. ed. Frank Scheide and Hooman Mehran, London:BFI Publishing, 2004. 所収］を元に大幅に加筆修正した。

主要参考資料

チャップリン家所蔵資料　約二万ページの未公開資料（脚本・メモ・手紙・撮影日誌・裁判記録その他）
チャップリン家所蔵　新聞・雑誌スクラップ（撮影所の広報担当が集めた北米・南米・ヨーロッパ・アラブ諸国・オセアニア・インド・東南アジア・中国・南アフリカ・日本での「チャップリン」という言葉が出てくるすべての新聞記事のスクラップ・ブック）
ジェリー・エプスティーン所蔵資料

主要参考文献

チャールズ・チャップリン著、中里京子訳『チャップリン自伝　若き日々』新潮社、二〇一七年。
同著、同訳『チャップリン自伝　栄光と波瀾の日々』新潮社、二〇一八年。
[Chaplin, Charles. *My Autobiography*, London:The Bodley Head, 1964.]
Chaplin, Charles. *My Life in Pictures*. London:The Bodley Head Ltd,1974.
―――――. *A Comedian Sees the World*, Springfield:Crowell, 1933-34. Lisa Stein 監修、Cecilia Cenciarelli 訳の完全版 *Un comico vede il mondo*, Genova:Le Mani,2006.

Charlie Chaplin Interviews. ed. Kevin J. Hayes. University Press of Mississippi, 2005.

大野裕之著『チャップリン・未公開NGフィルムの全貌』NHK出版、二〇〇七年。
同著『チャップリンの影　〜日本人秘書・高野虎市』講談社、二〇〇九年。
同著『チャップリンとヒトラー　メディアとイメージの世界大戦』岩波書店、二〇一五年。
同著『チャップリン　作品とその生涯』中央公論新社、二〇一七年。
同著『ディズニーとチャップリン　エンタメビジネスを生んだ巨人』光文社、二〇二一年。
デイヴィッド・ロビンソン、宮本高晴・高田恵子訳『チャップリン　上』文藝春秋、一九九三年。
同著、同訳『チャップリン　下』文藝春秋、一九九三年。
[Robinson, David. *Chaplin:His Life and Art*. London:William Collins Sons & CO.,Ltd.,1985, London:Penguin Books, 2001.]
デイヴィッド・ロビンソン著、上岡伸雄・南條竹則訳、大野裕之監修『小説ライムライト チャップリンの映画世界』集英社、二〇一七年
[Robinson, David. *Charlie Chaplin: Footlights With the World of Limelight*. Bologna:Cineteca di Bologna, 2015.]
Epstein, Jerry. *Remembering Charlie*. London:Bloomsbury, 1988.
Hatherley, Owen. *The Chaplin Machine: Slapstick, Fordism and the Communist Avant-Garde*. London:Pluto Press, 2016.
Haven, Lisa Stein. *Charlie Chaplin's Little Tramp in America, 1947-77*. London:Palgrave macmillan, 2016.
James, Eric. *Making Music with Charlie Chaplin.* Lanham:Scarecrow Press, 2000.
Lochner, Jim. *The Music of Charlie Chaplin*. Jefferson:McFarland Publishing, 2018.
Robinson, David and Charlie Chaplin. ed. Cecilia Cenciarelli, *Charles Chaplin, The freak: la storia di un film incompiuto*. Bologna:Cineteca di Bologna, 2020.

Smolik, Pierre. *The Freak: Chaplin's Last Film*. Vevey:Call me Edouard Éditeurs, 2016.

大野裕之編『チャップリンの日本』日本チャップリン協会、二〇〇六年。
国立劇場営業部営業課編集企画室編『国立劇場　第三一六回　令和元年一二月歌舞伎公演』、独立行政法人日本芸術文化振興会発行、二〇一九年。
同編『*Chaplin KABUKI NIGHT*』、独立行政法人日本芸術文化振興会発行、二〇一九年。
Chaplin;The Dictator and the Tramp. ed. Frank Scheide and Hooman Mehran, London:BFI Publishing, 2004.
Chaplin's Limelight and the Music Hall Tradition. ed. Frank Scheide and Hooman Mehran, Jefferson:McFarland Publishing, 2006.
Charlie Chaplin dans l'œil des avant-gardes. ed. Claire Lebossé, Gand:Éditions Snoeck, 2019.
Modernités de Charlie Chaplin -Un cinéaste dans l'œil des avant-gardes. eds. Claire Lebossé, José Moure. Bruxelles:Les Impressions Nouvelles, 2022.
The Sound of Charlie Chaplin. eds. Kate Guyonvarch and Mathilde Thibault-Starzyk, Paris:Edition de la Martiniere, 2019.

謝辞

本書の執筆にあたっては多くの方々のお力添えを賜った。父チャップリンの素顔や仕事方法を教えてくれた三男マイケル、三女ヴィクトリア、四男ユージーン、孫のチャールズ・シストヴァリスの皆さんに深く感謝する。歌舞伎『蝙蝠の安さん』上演を許可してくださり、日本チャップリン協会の最高顧問を務めてくれた次女ジョゼフィン・チャップリンさんが先ごろ亡くなったことは痛切の極みだ。

パリのチャップリン・オフィスのケイト・ギヨンヴァアー、アーノルド・ロザーノ、チャップリン研究の泰斗デイヴィッド・ロビンソン、サイレント映画史の大家ケヴィン・ブラウンロウ、チネテカ・ディ・ボローニャのチェチリア・チェンチャレーリ、他、世界をリードする研究者であるチャールズ・メイランド、フーマン・メーラン、フランク・シャイド、グレン・ミッチェル、ノーバート・アピング、ウルリヒ・ルーデル、ブライオニー・ディクソン、ダン・カミン、世界的コレクターの大久保俊一の皆さんからの助けなしには本書はあり得なかった。とりわけ、チャップリンとビート詩人の関係についてオハイオ州立大学のリサ・スタイン・ヘイヴン教授から多くの教えを得た。

『蝙蝠の安さん』の上演を実現してくださった十代目松本幸四郎丈、国立劇場理事の大和田文雄さん、歌舞伎課の渡邊哲之さん、地頭薗大介さんには、まさに古典とアヴァンギャルドの真髄を教わった。

『街の灯』を歌舞伎で上演する企画が持ち上がってから、松竹で長らく会長を務められた（故）永山武臣さん、当時専務の（故）大川武夫さん、歌舞伎座の代表取締役（当時）の大沼信之さん、松竹常務の岡崎哲也さんらから、歌舞伎とは何かについてご指導いただいた日々が忘れられない。また、岡田暁生京都大学教授、小崎哲哉京都芸術大学教授、出来幸介さん、小松正史京都精華大学教授、中垣恒太郎専修大学教授、映画プロデューサーの山本一郎さんには拙い原稿を読んでいただき、貴重な意見を賜った。

他に、貴重な資料を閲覧させてくださった、フィルハルモニ・ド・パリ、パリ音楽博物館、ナント美術館、チネテカ・ディ・ボローニャ、大英図書館、英国映画協会図書館、シネマ・ミュージアム（ロンドン）、ニューヨーク公共図書館、ロス・アンジェルス中央図書館、国立国会図書館、京都大学付属図書館、京都府立図書館、京都市立図書館、大阪府立中之島図書館、大阪市立図書館、松竹大谷図書館、演劇出版社、国立劇場　独立行政法人日本芸術文化振興会、国立劇場図書閲覧室の担当者の皆さんにお世話になった。

なにより、本書の企画をしてくれた本田英郎さんと編集を担当してくださった青土社の西館一郎さんの粘り強い導きなしには本書は存在していなかった。深く感謝する。

本書をジョゼフィン・チャップリンの思い出に捧げる。父と同じ瞳、深い湖のような、見ているだけで吸い込まれてしまいそうな美しい瞳のジョゼフィンに。そして、大野幸枝、茂、岡本ヨシ子の思い出に。いつもの通り、秀典、暁生、美砂に。

写真クレジット

提供：Kevin Scott Collier ＝ 174、175 ページ
David Robinson Collection ＝ 189、269、271 ページ
提供：ユリコ・ナダオカ＝ 233 ページ
©RGALI ＝ 212 ページ
提供：松田集＝ 63、237（下）ページ
提供：国立劇場＝ 242、249 ページ

Digitisation of the Chaplin Archives by Cineteca di Bologna
Digitisation of certain photographs from the Chaplin Archive by Photo Élysée
Original documents from the Chaplin Archives held at Archives de Montreux, PP 75, Fonds Charles Chaplin
Original negatives and photographs from the Chaplin Archives held at Photo Élysée

チャップリンとアヴァンギャルド

2024 年 1 月 10 日　第 1 刷 印刷
2024 年 1 月 20 日　第 1 刷 発行

著者——大野裕之

発行人——清水一人
発行所——青土社
東京都千代田区神田神保町 1 － 29　市瀬ビル　〒 101-0051
電話　03-3291-9831（編集）、03-3294-7829（営業）
振替　00190-7-192955

組版——フレックスアート
印刷・製本——シナノ印刷

装幀——松田行正

ISBN978-4-7917-7606-1　　Printed in Japan